BASTEI
LÜBBE

Anne Zamberlan
unter Mitarbeit
von Jean-Louis Degaudenzi

Ich bleibe, wie ich bin

Dick und trotzdem glücklich

Aus dem Französischen
von Sylvia Strasser

BASTEI LÜBBE

BASTEI LÜBBE TASCHENBUCH
Band 61499

Vollständige Taschenbuchausgabe

Bastei Lübbe Taschenbücher ist ein Imprint
der Verlagsgruppe Lübbe

Deutsche Erstveröffentlichung
Titel der französischen Originalausgabe:
MON CORPS EN DESACCORD

Umschlaggestaltung: Jan Kullowatz
Titelbild: Mauritius-Kupka
Satz: Textverarbeitung Garbe, Köln
Druck und Verarbeitung: Ebner Ulm
Printed in Germany, Mai 2002
ISBN 3-404-61499-2

Sie finden uns im Internet unter
http://www.luebbe.de

Der Preis dieses Bandes versteht sich einschließlich
der gesetzlichen Mehrwertsteuer.

Für meinen Sohn Eddy:
Dein Lächeln hat die Mauer des Schweigens
um mich herum niedergerissen.

Für meine Eltern.

Für meinen Freund Paul Dellès.

1. KAPITEL

»Steh auf, Anne!«

Die ganze Klasse hält den Atem an. Aus meinen Mitschülern werden lauernde kleine Raubtiere, die nur darauf warten, über ihr Opfer herzufallen. Ich zögere. Panik erfasst mich. Ein Gefühl der Beklemmung schnürt mir die Brust zusammen, und ich habe den Eindruck, mein Gehirn zerfließt und entweicht durch tausend Poren. Ich weiß, was mich erwartet: Ich soll zur Schau gestellt, diesen Ungeheuern zum Fraß vorgeworfen werden.

»Worauf wartest du?« Die Stimme der Lehrerin wird lauter, härter, aggressiver. »Nun mach schon, steh auf!«

Ich werde wohl nie erfahren, warum sie, die uns Achtjährige damals unterrichtete, so handelte: ob aus echter Sorge um mich oder aus reiner Bosheit.

Nichts ist schlimmer, als zu leiden und nicht zu wissen, weshalb der andere keine Gelegenheit auslässt, einen zu quälen. Und obendrein ein wehrloses Kind zu sein, das, von Groß und Klein gleichermaßen grundlos angefeindet und abgelehnt, sich doch nichts sehnlicher wünscht, als akzeptiert und geliebt zu werden.

Alle starren mich an. Ich weiß es. Ich spüre, wie sich ihre Blicke in meinen Rücken bohren. Sie geben sich keine

Mühe, das schadenfrohe, boshafte Funkeln in ihren Augen zu verbergen. Sie glitzern wie die Augen von Katzen oder Reptilien, die sich an der Angst ihrer Beute weiden.

»Wird's bald?«, ruft die Lehrerin scharf.

Als ich Anfang des Jahres in diese Klasse kam, war ich noch voller Hoffnung gewesen. Wie hatte ich mich auf den Augenblick, da ich aufgerufen würde, gefreut. Ein Gedicht aufzusagen, eine Fabel von La Fontaine vorzutragen oder über ein bedeutendes Ereignis in der Geschichte Frankreichs zu sprechen, erfüllte mich mit einem tiefen Glücksgefühl, weil ich mich ausdrücken konnte. Mit welcher Begeisterung und Hingabe hatte ich einen Text auswendig gelernt, um die Worte dann meiner Stimme anzuvertrauen, die die wunderbare Macht besitzt, die Aufmerksamkeit der anderen zu fesseln. Der Zauber jener Momente, das berauschende Gefühl, wenn ausnahmslos alle an meinen Lippen hängen! Vervollkommnet wird mein Triumph aber durch das anerkennende Lächeln der Lehrerin.

Die Lehrerin. Die allmächtige Göttin unserer Kindheit, mit der wir alle uns identifizieren, der wir alle nacheifern wollen.

Doch von jener Lehrerin aufgerufen zu werden trägt mir statt der Bewunderung meiner Mitschüler nur ihr hämisches Grinsen und unterdrücktes Gelächter ein.

Und ich, ich zerfließe förmlich vor Angst. Mir zittern die Knie, und meine Beine wollen mir nicht gehorchen, so entsetzlich ist der Gedanke, aufzustehen und allen ausgeliefert zu sein. Krämpfe wühlen in meinem Bauch. Mein Hirn weicht auf. Ich gäbe alles dafür, im Boden versinken zu können, um der Bosheit im Klassenzimmer, die sich plötzlich auf mich konzentriert, zu entfliehen.

Dennoch gehorche ich. Bin ich das, die aufsteht und deren Mund sich zu einem gequälten Lächeln verzieht? Oder ist es eine andere, eine Fremde, die ich dafür verabscheue?

»Du bist noch dicker geworden«, sagt die Lehrerin.

»Ich weiß nicht, Mademoiselle«, antworte ich. Oder schweige. Verstört, Hilfe suchend schaue ich mich um. Aber ich entdecke nur Spott oder Gehässigkeit auf den Gesichtern meiner Mitschüler.

»Steh auf«, wiederholt die Lehrerin.

Ich bin aufgestanden. Aber wahrscheinlich möchte sie keinen Zweifel aufkommen lassen: Ich und niemand sonst soll der Folter unterworfen werden.

»Zeig dich! Damit alle dich genau sehen können.«

Als ob sie mich nicht bereits anstarrten! Als ob ich nicht längst Mittelpunkt, Zielscheibe ihres Spottes wäre!

»Du bist zu dick, Anne. Du bist viel zu dick.«

Man hört einige halblaute Bemerkungen: »Kann man wohl sagen«, »Das ist noch milde ausgedrückt« und andere sehr viel unfreundlichere Dinge. Aber sie können es sich erlauben, schließlich stehen sie auf der richtigen Seite der Schranke. Und in so einer Situation kann man ohnehin nicht feststellen, wer geflüstert, welcher unschuldige Mund das Gift verspritzt hat. Es sind die anderen, alle anderen, die Mehrheit, die Masse.

Fettwanst! Dampfwalze! Das Urteil, gefällt in der Anonymität, ist einhellig.

Ich würde am liebsten davonlaufen. Egal wohin, Hauptsache, weg von hier, weg von den stechenden Blicken, die meinen Körper durchbohren, meinen armen, von den grausamen Worten der Lehrerin entblößten Körper.

Aber ich stehe da wie angewurzelt. Und bin den andern gnadenlos ausgeliefert.

Nur meine Augen huschen auf der Suche nach einem Fluchtweg hin und her. Doch wohin sie auch schauen, überall gleichgültige, leblose, fremde Dinge, die meinem flehenden Blick feindselig begegnen. Die Landkarte an der Wand macht mir Angst. Die mit Reißzwecken über dem Kleiderständer befestigte Zeichnung scheint mich zu verhöhnen. Ein Kind hat sie angefertigt. Und was ist mit meiner Kindheit? Ich habe das dunkle Gefühl, sie wird mir gestohlen und ist für immer verloren.

Selbst der Schulhof draußen kommt mir öder und grauer als jeder andere Schulhof vor.

Das Herz schlägt mir bis zum Hals. Ob die andern es auch hören können?

Als würde eine riesige Trommel geschlagen, dröhnt es in meinem Körper, demselben Körper, dem ich noch vor ein paar Minuten keinerlei Beachtung geschenkt habe. Ich glaube, die Lehrerin hat Recht. Plötzlich kommt er mir aufgebläht vor; tausendmal, ja Millionen Mal größer als ich. Mein Verstand vermag ihn nicht mehr zu umfassen, seine Grenzen zu erreichen. Von einer Sekunde zur andern finde ich mich nicht mehr in ihm zurecht.

Das tut weh. Es tut mir weh. So wie es nur einem Kind wehtun kann, wenn es ungerecht behandelt wird und sich fragt, was es dem lieben Gott, dem Teufel, der ganzen Welt eigentlich getan hat, dass es so leiden muss.

Die Lehrerin merkt nichts. Und wenn, so ist es ihr gleichgültig. Ungerührt bohrt sie mit dem Messer in der Wunde. Sie fragt: »Hast du mit deinen Eltern gesprochen? Werden sie endlich etwas dagegen unternehmen?«

Ich schüttle den Kopf.

Ich flehe sie im Stillen mit jeder Faser meines Körpers an, der Tortur ein Ende zu machen. Aber mir fehlen die Worte, meine Bitte zu formulieren.

»Dann muss ich es eben tun …«

Wenn ich wenigstens weinen könnte. Dann wäre alles viel leichter, glaube ich. Meine Tränen würden meinen Kummer vor der Welt verschleiern. Aber ich kann nicht. Es ist, als ob meine Augen gelähmt wären. Ich muss instinktiv begriffen haben, dass dicke Menschen nicht weinen. Jedenfalls nicht in der Öffentlichkeit.

Das passt nicht zu dem Bild, das man sich von ihnen macht. Man würde ihnen nicht glauben.

Niemand ist durch einen unglücklichen Zufall oder eine Laune der Natur dick, sondern durch eigenes Verschulden. Der Preis für das verbotene Vergnügen des Einsamen.

Doch das habe ich erst viel später erkannt. Damals, als ich wehrlos dem Spott meiner Klassenkameraden ausgesetzt war, die eine geschlossene Front gegen mich bildeten, fühlte ich es nur, wie eine unbestimmte, in der Finsternis meiner kindlichen Ängste und Qualen lauernde Bedrohung.

Ich war erst acht, ein kleines, dunkelhaariges Mädchen mit großen, schwarzen Augen und Pferdeschwanz aus einem Pariser Vorort.

Arglos, wie Kinder in diesem Alter sind, hatte ich geglaubt, ich sei wie andere achtjährige Mädchen auch, bis meine Lehrerin aus übergroßem Eifer oder aus Grausamkeit, vielleicht aus beidem, mich darüber aufklärte, dass ich anders war.

Dick.

Wie sie es angekündigt und wie ich es befürchtet hatte, sprach sie mit meinen Eltern.

Ich glaube, sie sind aus allen Wolken gefallen. Ich war bei dem Gespräch natürlich nicht dabei. Eine Lehrerin war in der damaligen Zeit eine Respektsperson, und meine Eltern sind einfache Leute mit unkompliziertem Seelenleben. Sie liebten mich. Sie lieben mich noch immer. Bedingungslos. Wie alle Mütter und Väter sahen sie ihr Kind durch sich selbst, durch ihre Zuneigung und ihre Eigenschaft als Eltern und nicht mit dem kritischen, wertenden Blick der anderen, der breiten Masse. Vielleicht war ihr Töchterchen ein wenig mollig, rundlich, aber wen störte das schon? Das waren andere auch. Außerdem galt ein wohlgenährtes oder auch pummeliges Kind bei den kleinen Leuten, zu denen meine Eltern gehörten, als gesund. »Besser beneidet als bemitleidet«, wie das Sprichwort sagt. Und 1958 traf das umso mehr zu, als die entbehrungsreichen Kriegs- und Nachkriegsjahre noch nicht in allzu weite Ferne gerückt waren.

Gegen rundlich, mollig, pummelig war ja nichts einzuwenden, aber fett? Dieses grauenhafte Wort, das mich mein Leben lang verfolgen sollte und das ich aus tiefster Seele hasse, habe ich, wenn ich mich richtig entsinne, zum ersten Mal von der Schulärztin gehört.

»FETT! Kind, was bist du FEEETT!«

Das werde ich nie mehr vergessen.

Sie betonte das Wort in einer Weise, die ich als obszön, anstößig, schmutzig empfand und die mir Übelkeit verursachte. Mir kam es vor, als flößte ich ihr Ekel ein. Sie schien mich davon überzeugen zu wollen, ich sei nichts weiter als ein Sack voller Exkremente.

FEEETT!

Ich weiß nicht mehr genau, ob die verhasste Lehrerin mich zu ihr schickte, um ihre Schikanen durch einen ärztlichen Befund zu rechtfertigen. Oder haben meine verstörten Eltern auf einer Untersuchung bestanden? Es könnte auch während einer routinemäßigen Reihenuntersuchung in der Schule gewesen sein. Ja, wahrscheinlich dort, denn ich erinnere mich – und die Angst von damals ist heute noch genauso lebendig in mir – an einen düsteren Korridor, in dem ich mich ausziehen soll. Aber ich will nicht, ich bin nämlich nicht allein.

Die anderen Kinder, die wie ich warten, bis sie an der Reihe sind, genieren sich nicht, sich auszuziehen. Sie machen Witze, oft ziemlich geschmacklose, lachen und albern herum. Man kann sich die Situation sicherlich vorstellen.

Die kränkenden Worte der Lehrerin sind nicht spurlos an mir vorübergegangen. Von nun an treffen die Ausdrücke, mit denen meine Mitmenschen mich belegen, ihr Ziel.

Ein weißes und ein schwarzes Kind, die von klein auf miteinander spielen, bemerken ihre unterschiedliche Hautfarbe erst, wenn die Erwachsenen sie darauf aufmerksam machen.

Bei mir war es ganz genauso. Meine Mitschüler verhielten sich mir gegenüber völlig normal – wäre es anders gewesen, müsste ich mich doch daran erinnern, oder? –, bis jene Lehrerin kam.

Ich war Anne. Ganz einfach die kleine Anne. Nichts weiter. Eine von vielen, eine von ihnen. Ich war vielleicht ein bisschen pfiffiger, und ich war die mit Abstand beste Murmelspielerin, aber sonst unterschied ich mich in nichts von den anderen.

Das hat sich schlagartig geändert. Besonders deutlich bekomme ich es in Auseinandersetzungen zu spüren. Beim kleinsten Anlass werde ich als »Fettmops«, »dicke Kokosnuss«, »zermatschte Kartoffel« oder »dicke Kuh« bezeichnet. Manchmal fallen noch schlimmere Ausdrücke. Aber wo soll man die Grenze zwischen dem gerade noch Erträglichen und dem Unerträglichen ziehen?

Worte aus einem Kindermund, die verletzen wollen, tun dies mit der Gründlichkeit und vernichtenden Wirkung von glühendem Eisen, kochendem Pech oder ätzender Säure. Kinder machen keine Gefangenen, sie töten ihre Opfer. Nicht immer ist die Kindheit die süßeste Zeit im Leben, das Paradies auf Erden; sehr oft bedeutet Kindheit, Jäger oder Gejagter zu sein. Und in der Welt der Kinder haben die Dicken einen genauso schweren Stand wie in der Welt der Erwachsenen.

Deshalb fürchte ich mich an jenem Tag draußen auf dem Flur. Dieser Angstzustand – die Leere im Kopf, die Krämpfe in meinem Bauch – ist mir allmählich vertraut.

Ich will mich nicht ausziehen. Ich kann nicht. Ich bringe es nicht über mich, mich nackt zur Schau zu stellen, meinen armen Körper, den ich von nun an als aufgedunsen, verfettet, grauenhaft betrachte, ihren gehässigen, höhnischen, anzüglichen Bemerkungen auszuliefern.

Ich stehe in dem feindseligen, schmutzig-gelb getünchten Korridor der Vorstadtschule und halte mein lächerliches Kleidchen fest über meiner schwabbelnden kindlichen Brust zusammen.

Weinen kann ich nicht, ob aus Angst oder weil ich mich schäme, weiß ich nicht mehr.

»He, du da! Zieh dich endlich aus! Ja, dich meine ich, Dicke! Beeil dich, ich hab noch mehr zu tun«, herrscht die

Schulärztin, die für eine Sekunde ihren struppigen alten Vogelkopf herausgestreckt hat, mich an.

Was bleibt mir anderes übrig, als zu gehorchen? Ich lege meine Kleider ab. Ich zittere am ganzen Leib und bekomme eine fürchterliche Gänsehaut.

»Du kannst reingehen«, sagt ein Mädchen, das lebhaft und geschmeidig wie eine junge Forelle aus dem Untersuchungszimmer schlüpft. Ich betrachte den Türspalt, durch den die Kleine, schlank und wendig, wie sie ist, den Raum verlassen hat, und werde mir schmerzlich meines eigenen Körpers bewusst.

Ich wage nicht, die Tür weiter aufzustoßen. Stattdessen quetsche ich mich mühsam durch den Spalt in diesen elenden Saal. Unbewusst nehme ich die linkischen, unbeholfenen Bewegungen der Abnormalen an. Ein furchtsames kleines Pummelchen, das unwillkürlich den Kopf einzieht.

»Nun komm schon her, ich beiße nicht!«

Die Schulärztin mit der schrillen Stimme und dem Krähengesicht schiebt Formulare zusammen, ordnet Instrumente und Phiolen. Sie sieht nicht zu mir her, als sie mich auffordert näher zu treten. Sie empfängt alle Kinder mit diesen Worten, denn allen Kindern graut es mehr oder weniger vor solchen Untersuchungen. Ich aber nehme mir ihre Bemerkung besonders zu Herzen. Ich gehöre ja auch nicht mehr in die Kategorie »alle Kinder« …

Ich bin irgendein ganz normales kleines Mädchen für sie. Bis sie sich mir zuwendet und mich zum ersten Mal richtig anschaut. Sie mustert mich von Kopf bis Fuß, schätzt Höhe, Breite, Umfang, und ich sehe an ihrem Blick, wie ich von einer Ecke in die andere geschoben werde, von der Ecke der Normalen in die der Ungeheuer.

»Komm her zu mir.«

Höchstens sechs, acht Schritte trennen mich von ihr. Für mich ein schier unüberwindbarer Abgrund.

Ich habe das Gefühl, ich würde ertrinken, wenn ich zu dieser Frau gehe. Ich bekomme jetzt schon keine Luft mehr. Panisches Entsetzen befällt mich. In meinem Bauch wüten die Krämpfe. Der Fliesenboden fühlt sich eiskalt unter meinen nackten Füßen an. Dennoch ist mir furchtbar heiß. Ich kann nicht beschreiben, was in diesem Augenblick in mir vorgeht. Am liebsten würde ich ihr zurufen: »Holen Sie mich! Ich bitte Sie, Madame! Ich bin doch noch ein Kind! Es ist nicht meine Schuld! Helfen Sie mir!« Aber ich sage nichts.

Ich rufe niemanden zu Hilfe, weder sie noch meine Mutter, noch irgendjemand sonst. Langsam setze ich einen Fuß vor den anderen. Besser gesagt, meine Füße bewegen sich von allein unter dem unförmigen Körper, den zu verlassen man mich zwingen will.

Die Schulärztin nennt mich »übergewichtig«, »dickleibig«, »fett«. Aus ihrem Mund klingt das, als wäre es etwas Schmutziges, Ekelerregendes. Den Eindruck vermittelt sie mir jedenfalls, während sie mich prüfend abtastet. Und etwas von diesem Eindruck bleibt zurück, setzt sich in mir fest wie eine schmierige, widerliche Ablagerung, von der ich mich wohl nie mehr ganz werde befreien können, sosehr ich mich auch anstrenge.

Ohne Feingefühl, aber dafür mit einem gewissen Widerwillen hat sie mich gemessen, gewogen, befummelt. Ihre Gesten drückten deutlich aus, wofür sie mich hielt: für etwas Anstößiges, Schändliches. Sie nahmen die Haltung vorweg, mit der man mir von nun an begegnen sollte. Abermals fällte sie ihr grausames Urteil. Ich hörte es kaum noch. In meinem Kopf hatte sich eine dröhnende Leere ausgebreitet.

Die kleine Anne war für immer auf die andere Seite hinübergewechselt, jenseits von Schmach, Kummer, Angst. Sie war jetzt in der Welt der Gleichgültigkeit zu Hause, wo Benachteiligung und Diskriminierung herrschen.

Meine Eltern sind völlig verstört, als sie in die Schule bestellt und über meinen »Zustand« aufgeklärt werden. Sie schleppen mich in eine Pariser Kinderklinik. Den Facharzt, der mich dort untersuchte, werde ich genauso wenig vergessen wie meine Lehrerin oder die Schulärztin.

Endokrinologe nannten die Erwachsenen ihn. Der Name allein genügte, einem Mädchen in meinem Alter und meiner Verfassung Angst einzujagen.

Die Behandlung, die ich erfuhr, war, sofern das überhaupt möglich ist, noch entwürdigender, noch unmenschlicher. Von einem Arzt darf man Verständnis, Respekt, ein Minimum an Liebe für den Menschen, Mitgefühl angesichts seiner Verzweiflung erwarten. Dafür ist er schließlich da. Das gehört zu seinem Beruf, dazu hat er sich mit dem hippokratischen Eid verpflichtet.

Der Arzt in dieser Klinik verglich mich mit dem Turm von Babel und lachte dabei, ein altes, ordinäres, schauriges Lachen. An sein Gesicht kann ich mich nicht mehr erinnern. Vielleicht ist er längst tot oder eine berühmte Persönlichkeit. Aber sein Lachen höre ich noch heute, wie ein Nagel bohrt es sich in mich, sooft ich daran zurückdenke.

Dann bricht es abrupt ab, und eine Stimme, scharf wie die Klinge eines Messers, das tief ins Herz schneidet, äußert sich in drastischen Worten über meinen Körperumfang.

Hände befühlen mich, taktlos, plump, ohne Anteilnahme. Instrumente aus Fleisch. Grob untersuchen sie das Fleisch, das ich bin. Worte wie »übermäßige Gewichtszunahme«, »Fettleibigkeit« fallen. Worte, die mich mein Leben lang verfolgen werden. Sorgfältig errichtete Gitter eines unsichtbaren, aber ausbruchsicheren Gefängnisses.

Keine Spur von Mitgefühl, Verständnis, Menschlichkeit.

Vielleicht war ich einfach noch zu klein und wurde deshalb nicht wie ein Mensch behandelt. Aber obwohl ich erst acht Jahre alt war, war ich bereits eine andere. Die Schule hatte diejenige zerstört, die ich eigentlich hätte sein sollen. Die Kindheit, auf die wir, so banal es auch klingt, alle ein Anrecht haben, war mir gestohlen worden. Sie hatte sich in eine trostlose Einöde verwandelt.

Jene Lehrerin, deren grausames, ja mörderisches Verhalten sich meinem Gedächtnis und meinem geschundenen Körper in allen Einzelheiten eingeprägt hat, ist Schuld daran, dass aus mir nicht die Lehrerin wurde, die alle kleinen Mädchen eines Tages gern sein möchten. Auch meine Mutter hatte es sich so sehr für ihre Tochter gewünscht …

Jene Schulärztin, jener Facharzt und viele andere Professoren, die ich im Lauf der Jahre aufgesucht habe und die mir alle in der gleichen verächtlich-herablassenden, lehrmeisterlichen Art begegneten, sind verantwortlich dafür, dass ich nichts weiter als eine Dicke bin. Eine Fette, um dieses grässliche Wort zu gebrauchen. Eine Seele gefangen in einem Körper, der nach den Maßstäben der Allgemeinheit unschicklich ist.

Und dennoch lebe ich.

Ich lebe mit Leib und Seele und vor allem mit einem Herzen.

Wie Shylock, der Jude aus Shakespeares Schauspiel *Der Kaufmann von Venedig,* der ebenfalls aus der in Konventionen erstarrten Gesellschaft verbannt wurde, kann auch ich lachen, weinen, leiden, lieben und hassen. Und wie ich hassen kann! Ich habe oft gute Gründe, meinen Nächsten nicht zu lieben.

Jawohl, ich lebe. Ganzzeitig.

Und manchmal gelingt es mir sogar, ich selbst zu sein.

2. KAPITEL

Lange vor dieser Zeit rennt ein kleines Mädchen, dem ich sehr ähnlich sehe, so schnell seine Füße es tragen und mit vor Angst klopfendem Herzen durch die dunklen Altstadtgassen.

Das Mädchen ist meine Mutter.

Es ist das Jahr 1941.

Die Deutschen haben Carcassonne besetzt. Die alte, befestigte Stadt am Canal du Midi im Süden Frankreichs ist für sie von höchster strategischer Bedeutung.

Alles ist beschlagnahmt worden. Die Einwohner hungern, vor allem die kleinen Leute wie meine Großeltern. Das minderwertige Brot ist streng rationiert. Es gibt weder Butter noch Fleisch und auch keine Milch für Kleinkinder.

Aber Mamas jüngere Brüder, Joseph und Georges, meine Onkel, brauchen unbedingt welche. Marie, meine Großmutter, hat erfahren, dass man auf dem Schwarzmarkt am anderen Ende der Stadt, im Viertel Trivale, ein wenig bekommen könne. Das Unternehmen kann nur nachts gewagt werden, auf Schleichwegen, um nicht den Soldaten in die Hände zu laufen, die während der Ausgangssperre durch die Straßen patrouillieren. Ein Kind fällt weniger auf als ein Erwachsener. Und weil Marie-Louise, meine Mutter, ein aufgewecktes, verschwiegenes Mädchen ist, wird sie geschickt. Es ist nicht ihre erste Besorgung dieser Art. Sie weiß, wie sie sich zu verhalten hat.

Die Faust fest um einen fast wertlosen Geldschein geschlossen, läuft sie flink und mit wachen Sinnen, nach allen Seiten witternd wie ein schlauer kleiner Fuchs, um drohenden Gefahren rechtzeitig ausweichen zu können, durch die menschenleeren Altstadtgassen.

Es ist Herbst, die Nachtluft kühl. Die Fensterläden sind überall geschlossen; furchtsam haben sich die Menschen in ihren Häusern eingeigelt. Ein scharfer Wind fegt heulend durch die Straßen und treibt die gelben Blätter der Platanen vor sich her. Der Himmel ist bedeckt, die Nacht mondlos und tiefschwarz. Ideal für Marie-Louises Vorhaben.

Sie hat eine fast volle Flasche gute, sahnige Milch, wie sie selten geworden ist in letzter Zeit, für ihre zerknitterte Banknote bekommen. Das kostbare Gut sorgfältig unter dem rauen Stoff ihres Schulumhanges verborgen, hat sie schon mehr als die Hälfte des Rückwegs zurückgelegt. Ein Schatten in der Dunkelheit, huscht sie durch die windige Nacht, ein kleines, mit einer wichtigen, geheimen Mission betrautes Mädchen.

Vor ihr liegt die Straße, die zum Kanal hinunterführt. Jetzt ist es nicht mehr weit. Das Haus meiner Großeltern steht nämlich unmittelbar am Wasser, umgeben von Weiden und Erlen.

Da hört sie schwere Schritte, das verhasste, gefürchtete Geräusch eisenbeschlagener Stiefel, die in diszipliniertem Gleichschritt wuchtig auf dem Pflaster auftreffen. Die stille Nacht hallt wider von dem entsetzlichen, rhythmischen Klang der Unterdrückung und Entrechtung.

Die Schritte kommen aus einer Seitenstraße.

Marie-Louise schlägt das Herz bis zum Hals. So kurz vor dem Ziel! Wo bisher alles so gut ging und sie keiner Patrouille begegnete.

Sie sind schon ganz nah. Die Gasse, aus der sie kommen, mündet keine fünfzig Meter von ihr entfernt in die Straße. Und weit und breit kein Hauseingang, keine dunkle Ecke, in der sie sich verstecken könnte, bis sie vorbei sind, nirgendwo ein Fluchtweg. Sie sitzt in der Falle.

»Halt!«

Sie haben sie entdeckt.

Der rhythmische Lärm der Stiefel hat abrupt aufgehört. Eine beklemmende Stille senkt sich über die Stadt. Nur das angriffslustige Heulen des Windes ist zu hören und das schmerzhafte Hämmern des Herzens in der Brust des entsetzten Kindes. Jetzt ist es aus, denkt Marie-Louise. Eine furchtbare Gewissheit überkommt sie: Sie werden sie fangen und quälen, und sie wird sterben. Sie durchlebt die panische Angst eines gehetzten Tieres.

Sie beginnt zu rennen. Sie hat keine andere Wahl. Sie läuft die abschüssige Straße hinunter, so schnell ihre Füße sie tragen. Es kommt ihr so vor, als bewegten sie sich aus eigener Kraft, ohne ihr Zutun, gegen ihren Willen. Die Soldaten hinter ihr haben sich wieder in Bewegung gesetzt. Schreie in einer ihr unverständlichen Sprache schallen durch die Nacht. Werden sie auf ein Kind schießen? Sie weiß es nicht. Man erzählt sich schreckliche Dinge über sie.

Die Luft brennt ihr in den Lungen, und ihr ist übel vor Angst und vom Rennen. Sie wirft sich förmlich in die kleine, finstere Straße zu ihrer Rechten, wo die Soldaten sie nicht mehr sehen können. Ein Stück weiter zweigt eine schmale Gasse ab, die man kennen muss, um sie in der

Dunkelheit nicht zu übersehen. Wenn sie es bis dorthin schafft, hat sie eine winzige Chance, im Labyrinth der Altstadtgassen unterzutauchen.

Vorausgesetzt, sie erreicht sie, bevor die Soldaten in das Sträßchen einbiegen, das sie entlanghetzt. Die wütende, gestiefelte Meute kommt nicht so schnell voran wie sie. Mit ein bisschen Glück … Ja, da vorn ist sie. Nur noch ein paar Meter. Fast nicht zu erkennen für den Ortskundigen, tut sich die Gasse einem finsteren Schlund gleich vor ihr auf. Sie schlüpft hinein wie ein Hase in den sicheren Bau.

Gerettet!

Trotzdem läuft sie mit unverminderter Geschwindigkeit weiter. Hinter ihr der stählerne, harte Klang der brüllenden Stimmen und der in wildem Durcheinander über das Pflaster klappernden Absätze. Sie haben sie aus den Augen verloren. Jetzt brauchen sie schon sehr viel Glück, um sie wieder zu finden.

Es ist stockfinster in der Gasse. Die niedrigen, von Sträuchern und Reben halb verdeckten Häuser sind nur schemenhaft zu erkennen. Kein Lichtstrahl dringt aus den Fenstern. Kein Laut ist zu hören.

Marie-Louise verschmilzt mit der Dunkelheit. Ihr Gesicht ist heiß, ihr Herz schlägt Purzelbäume, aber sie verlangsamt ihr Tempo nicht, obwohl sie Acht geben muss, damit sie nicht über das unebene Pflaster stolpert. Sie will ihren Vorsprung unbedingt vergrößern.

Bei Tag wäre sie dem gemeinen Schlagloch in der Straßenmitte mühelos ausgewichen, flink und wendig, wie sie war. Bei Tag. Aber in dieser Dunkelheit und in ihrer Panik tritt sie genau hinein. Sie stürzt, schlägt mit dem Kinn auf dem Pflaster auf. Die Flasche unter ihrem Umhang zerbricht. Glassplitter bohren sich schmerzhaft in die Hand, die den Flaschenhals noch immer umklammert hält.

Marie-Louise hat keinen Laut von sich gegeben.

Das metallische Klappern der Stiefel entfernt sich. Die Stimmen sind verstummt. Aber man kann nie wissen. In der nächtlichen Stille ist jedes Geräusch weithin hörbar. Und sie will sich auf keinen Fall durch Stöhnen oder Weinen verraten. Tapfer beißt sie die Zähne zusammen. Sie werden sie nicht kriegen. Niemals.

Sie weint auch nicht, als am andern Tag die Glassplitter aus der Hand entfernt werden. Es ist eine böse Wunde, die sich zu entzünden droht. Weil nicht einmal mehr die notwendigsten Medikamente zu haben sind, muss ein Fingerglied ohne Betäubung amputiert werden.

Meine Mutter erinnert sich noch heute genau an ihre Gefühle von damals: Die vergeudete Milch, die ihre Brüder nun nicht trinken würden, schmerzte sie mehr als das hingegebene kleine Stückchen von sich selbst, dieses Opfer, das ein sinnloser, ungerechter Krieg ihr abverlangt hatte.

Bosheit und Ungerechtigkeit prägen ein Kind für das ganze Leben, so wie der grausame Spott einer Lehrerin, einer Schulärztin oder eines so genannten Spezialisten mich prägen sollte.

Ich glaube, meine Mutter hat mich unbewusst auf die bösen Überraschungen, die mich erwarteten, vorbereitet, als sie mir Jahre später von ihren Kriegserlebnissen erzählte.

Ich entsinne mich ihrer halb erstickten, vor Zorn zitternden Stimme in den Augenblicken, da sie sich den quälenden Hunger ins Gedächtnis zurückrief, die Enttäuschung über die zerbrochene Flasche und die verschüttete Milch, die Gänge, die sie mit anderen Kindern zum Lazarett unternahm, um die kalten, schmutzigen Bratkartoffelreste von der Straße aufzulesen, die die verwundeten Soldaten unter derben Späßen und spöttischen Bemerkungen aus dem Fenster warfen und sich dann über den Anblick der mageren, verstörten, sich darum balgenden Kinder amüsierten.

So dumm und bösartig können Menschen sein.

Auch mit der Familie meines Großvaters war das Leben nicht gerade behutsam umgegangen.

Mein Großvater war ein kerniger Mann, den so leicht nichts umwarf. Ich erinnere mich gut an ihn: scheinbar unendlich groß, hager, mit tief liegenden, strahlenden graugrünen Augen, in denen unendlich viel Zärtlichkeit lag, auf dem Kopf die unvermeidliche Baskenmütze.

Sein Bild beschwört in mir unweigerlich das eines krummen, alten Rebstocks herauf, der jeder Naturkatastrophe zu trotzen vermag. Alles, was der Boden ihm gab, hat er ihm in zähem, unnachgiebigem Kampf abgerungen. Wind, Sonne und Frost haben ihn grausam verkrüppelt. Er ist von einem stillen, grenzenlosen Mut beseelt. Der stärkste Sturm der Welt wäre nicht imstande, ihn zu entwurzeln.

Er hieß Louis, dieser Großvater, und war 1898 im spanischen Asturien als Sohn eines wohlhabenden Viehzüchters und -händlers geboren worden, dessen Leidenschaft vor allem Pferden galt; er züchtete aber auch Kampfstiere. Er hatte eine stolze, gebieterische Frau geheiratet und acht Kinder mit ihr gezeugt.

Louis war der Älteste. Er hat mir oft von seiner Mutter erzählt. Ich glaube, sie hat ihm alles bedeutet. Sie war ihren Kindern eine liebevolle, doch strenge Mutter und ihrem Mann eine wertvolle Stütze. Sie starb übrigens bei der Erfüllung ihrer Pflichten: Eines Morgens, als sie, zum neunten Mal schwanger, zu Pferde ihr Gut inspizierte. Eine stolze, zähe Spanierin.

Und ich bilde mir bei aller Bescheidenheit ein, etwas von dieser Frau in mir zu haben.

Selbst wenn alles schief geht und die Pechsträhne kein Ende nehmen will, bringe ich irgendwie die Kraft auf, weiterzumachen, mich nicht unterkriegen zu lassen. Ich weiß selbst nicht, woher ich diese Energie nehme, es ist einfach so.

In meinen Adern fließt das Blut jener Amazone. Und ich denke, auch ein bisschen etwas von ihrem Herzen schlägt in meiner Brust.

Mein Urgroßvater trauerte nicht lange um sie. Er heiratete kurze Zeit nach ihrem Tod zum zweiten Mal, aber seine neue Frau verspürte wenig Lust, die acht Kinder ihrer Vorgängerin zu versorgen. Die Atmosphäre wurde bald so unerträglich, dass mein Großvater und seine Geschwister es vorzogen, das Haus zu verlassen. Von nun an übernahm er die Verantwortung für sie.

Sie kehrten der Heimat den Rücken und gingen nach Frankreich. Von einem Tag zum anderen waren sie arm, aber frei, und hatten ihre Würde wiedererlangt.

Meine Großmutter war ebenfalls spanischer Abstammung. Sie kam von den Balearen und war mit ihren vier Brüdern und Schwestern vor dem Bürgerkrieg und seinen Gräueln und dem Hunger geflohen.

Sie war dunkelhaarig, bildhübsch und sehr verliebt.

Meine Mutter und ihre beiden Brüder wurden vor dem Krieg geboren. Die Familie war nicht reich, aber es herrschte auch keine Armut im ersten Stock des bescheidenen Hauses am Fuß der Festungsmauern von Carcassonne. Dort habe ich meine Kindheit verbracht und später, als wir in Paris wohnten, regelmäßig die Ferien.

Es waren glückliche Tage. Stille Tage. Verschwommene Bilder steigen aus dem warmen, weichen Dunst auf, der über meinen ersten Lebensjahren liegt. Erinnerungen an den Geruch des Wassers. An Zweige, die meine flinken Kinderbeine peitschen. An die Erde nach einem Sommerregen, wenn die Sonne zaghaft wieder hinter den Wolken hervorkommt, spiegelnde Reflexe auf das Wasser des Kanals zaubert und dem Boden süße Düfte entlockt, die in die abgekühlte Luft aufsteigen.

Meine Großeltern waren rechtschaffene, liebevolle, beherzte Leute. Sie hatten es nicht immer leicht, doch mit Armen, die zupacken können, und einer großen Portion Lebensmut kann man die Seinen ernähren. Die Kleider der Kinder sind nicht die neuesten, aber immer sauber und ordentlich. Die Wäsche wird im Freien aufgehängt und vom Wind getrocknet, der den Geruch von frischem Gras und den Holzfeuern der Hirten von den Bergen heruntersträgt.

Vergnügungen gibt es wenige, die kleinen Freuden sind von fast biblischer Einfachheit. Ein Glas Landwein in geselliger Runde im kühlen Schatten der Gartenlaube. Der Tanz am Sonntag zu den Klängen des Akkordeons, die das Herz heiter stimmen und untermalt werden vom hellen, glucksenden Lachen der Mädchen. Gelegentlich ein Ausflug ins Grüne, ein Picknick am Kanal.

Der Krieg ist vorbei.

Das Leben nimmt seinen gewohnten Gang.

Als Marie-Louise größer wird, ist es ihr sehnlichster Wunsch, Schneiderin zu werden. Seit frühester Kindheit träumt sie davon. Die weichen, fließenden Stoffe, die Farben üben eine ungeheure Faszination auf sie aus, und sie liebt es, Kleider zu entwerfen. Schon als kleines Mädchen blätterte sie stundenlang im Modeteil der Zeitschriften und Kataloge.

Die Eltern sind mit dem Berufswunsch ihrer Tochter einverstanden, auch wenn sie dafür einige Opfer bringen müssen. Zunächst einmal braucht sie eine angemessene Ausbildung. Die beste Schule in der Gegend wird von katholischen Schwestern geleitet; dort kann Marie-Louise alles lernen, was sie für ihren späteren Beruf benötigt. Der Schulbesuch ist zwar nicht billig, aber den Eltern ist kein Opfer zu groß.

Meiner Großmutter kommt die Entscheidung in zweierlei Hinsicht gelegen: Ihre Tochter wird nicht nur eine gründliche, sondern vor allem eine christliche Ausbildung erhalten. Sie ist nämlich ein sehr gläubiger Mensch. Aus ihrem tiefen, wahren, toleranten Glauben schöpft sie die Kraft, ein nicht immer leichtes Leben zu meistern.

Ich weiß noch, wie ich in ihrer »Geheimschatulle« kramen durfte, einer Pappschachtel, in der sie ihre Schätze aufbewahrte, wenn ich in den Ferien zu Besuch kam. Ich erinnere mich genau und mit einem Gefühl der Rührung – denn ich weiß, die betagte Frau betet noch heute für mich – an die vergilbten Heiligenbildchen: Madonnen in zarten Pastelltönen, altmodische Herz-Jesu-Darstellungen, Votivbilder von Heiligen und Wallfahrtsorten.

Ein alter, staubiger Geruch entströmte dem Karton, ähnlich dem getrockneter Blüten oder Gräser, die man zwischen den Seiten eines Messbuchs gepresst hat: der süßliche, raschelnde Duft einer schon lange verwelkten Blume, die man gepflückt hat, um einen Augenblick der Liebe, des Glücks für alle Zeit festzuhalten. Das Herz der Dinge und sein eigenes anzuhalten. Einen Hauch von Ewigkeit einzufangen im bedeutungslosen Chaos unseres armseligen Lebens.

Beim Betreten einer Kirche rieche ich diesen eigentümlichen, zarten und zugleich so intensiven Geruch zuweilen noch heute. Die Welt steht plötzlich still. Es ist, als berührte mich der Finger Gottes. Duft der Seligkeit.

Die Hoffnungen meiner Mutter zerschlagen sich. Obgleich sie begabt und fleißig ist, muss sie die Schule, die ihre Eltern für sie ausgesucht haben, wieder verlassen: Die Kosten sind zu hoch, das Geld wird daheim für dringendere Dinge benötigt. Schweren Herzens nimmt Louis seine Tochter aus der Schule.

Der Traum, Schneiderin zu werden, ist ausgeträumt, was bleibt, ist ihr Talent, Stoffe und Farben zusammenzustellen und Kleider zu entwerfen. Für meinen Bruder und mich schneidert sie mit sicherem Geschmack und viel Liebe alle Sachen selbst.

Mama tritt sehr jung in die Arbeitswelt ein: als Kindermädchen und Haushaltshilfe in einer wohlhabenden Familie. Ihren mageren Lohn liefert sie zu Hause ab, wo jeder Pfennig gebraucht wird, denn da sind ja noch die beiden jüngeren Brüder.

Später gibt sie ihre Stelle auf und geht ihrer Mutter im Haushalt und bei der Erziehung der kleinen Brüder zur Hand.

Sie verliert nie ein Wort über ihre gescheiterten Pläne. Wozu auch? Es war nun einmal nicht zu ändern. Träume und Hoffnungen waren eine Sache, das Leben, die raue Wirklichkeit, der erdrückende Alltag eine ganz andere. Heutzutage hätte man sicherlich eine Lösung gefunden, hätte eine Ausbildungsbeihilfe oder etwas Ähnliches beantragt. Damals fügte man sich ins Unvermeidliche, schlug einen anderen Weg ein und lebte sein Leben weiter, mochte einem das Herz auch noch so schwer sein.

1948 ist Mama eine hübsche, schwarzhaarige junge Frau mit mattem Teint. Ihre schwarzen Augen, die manchmal einen verträumten Ausdruck annehmen, sind noch die eines Kindes, aber der Körper ist der einer Frau.

Sonntags geht die ganze Familie zum Tanzvergnügen. Zum einen hätten meine Großeltern ihre Tochter niemals allein ausgehen lassen, zum anderen tanzen sie selber gern. Bei den Klängen von Akkordeon und Gitarre gerät ihr spanisches Blut in Wallung.

Das feurige Temperament hat Marie-Louise von ihren Eltern geerbt. Auch ihr geht die Musik ins Blut. Den Tango tanzt sie wie keine andere. Sie freut sich auf die Sonntage und das Glücksgefühl, das das Tanzen in ihr hervorruft. Natürlich schmeichelt es ihr auch, ständig von jungen Männern umschwärmt zu sein, die von dem attraktiven, lebhaften Mädchen fasziniert sind, aber für sie sind das nur Tanzpartner.

Nicht so Édouard.

Er ist etwas älter als die andern, doch das ist nicht das Entscheidende. Seine Augen sind es, die es ihr von der ersten Sekunde an angetan haben. Blaugraue Augen, die fast nie blinzeln. Augen, die ein Geheimnis zu bergen scheinen. Eine nachdenkliche Stirn. Und eine eigenartige Narbe quer über der Nase.

Ob er gut aussieht? Schwer zu sagen. Und für Marie-Louise stellt sich die Frage nicht: Freilich sieht er gut aus, hätte sie sich sonst auf Anhieb in ihn verliebt?

Geheimnisvoller Édouard. Ja, es ist das Geheimnis, das ihn umgibt, der unergründliche Blick, die rätselhafte Narbe, die sie in ihren Bann ziehen. Liebe wird immer aus dem Geheimnis geboren, das der andere darstellt. Man verbringt sein ganzes Leben damit, es zu ergründen. Die großen, leidenschaftlichen Liebesaffären sind nichts anderes als das.

Édouard hat in Indochina gekämpft, und der Krieg hat ihn für alle Zeit geprägt. Dort hat er sich auch die Verletzung im Gesicht zugezogen: Sie stammt von einem vietnamesischen Buschmesser. Narben auf dem Körper, Narben auf der Seele; Albträume, die ihn bis ans Ende seiner Tage plagen werden.

Mein Vater hat nie gern über diesen Abschnitt seines Lebens gesprochen. Dann und wann eine Andeutung, mehr nicht. Schlangenverseuchte Reisfelder, Schwärme giftiger Insekten. Kameraden, die man auf Bambuspfähle aufgespießt fand. Gräueltaten auf beiden Seiten …

Sein Schweigen hat mich eine tiefere Verachtung für das sinnlose Gemetzel gelehrt, als Worte es je vermocht hätten. Da wird im Namen irgendwelcher Interessen oder nebulöser Ideologien, für die immer die kleinen Leute bezahlen müssen, Leben ausgelöscht oder Geist und Seele der Überlebenden zerstört. Es gibt keinen gerechten Krieg. Es gibt keine guten Soldaten. Es gibt nur tote Kinder und verzweifelte Mütter. Krieg ist eine verabscheuenswerte Erfindung.

Auch bei Édouard war es Liebe auf den ersten Blick. Marie-Louise muss ihm wie das Leben selbst vorgekommen sein, eine sprudelnde Quelle, deren Wasser ihn von einer schmutzigen Vergangenheit reinigte, die er nicht gewollt hatte.

Er hat keine Eltern, keine Wurzeln. Er weiß nur, dass er gebürtiger Italiener ist. So stand es jedenfalls in der Akte des Jugendamtes. Und da war dieser Mann, der behauptete, sein Vater zu sein, und der aus Italien kam, um den damals Achtzehnjährigen zu sich zu holen. Édouard hat ihm nicht geglaubt. Dieser hinterhältige, nur auf seinen Vorteil bedachte Kerl konnte nicht sein Vater sein. Und selbst wenn: Er hätte nichts von ihm wissen wollen. In all den Jahren hatte er sich nicht um seinen Sohn gekümmert, aber jetzt, da er zu einem kräftigen Burschen herangewachsen war, mit dem sich etwas anfangen ließ, war er plötzlich interessant für ihn geworden.

Statt dem unsympathischen Fremden zu folgen, ging Édouard lieber zum Militär, wo er, wie er glaubte, selbst über sein Leben entscheiden konnte.

Er hatte bis zu diesem Zeitpunkt nur Heime und Pflegefamilien gekannt. Das Elend eines verlassenen Kindes. Einsamkeit und Angst. Und ein überwältigendes Bedürfnis nach Wärme und Geborgenheit, nach einem liebenden Menschen, der ihm beisteht, ihm hilft, sich zu entfalten.

Endlich kann er lieben. Endlich wird er geliebt.

Um seiner selbst willen. All das Leid und die nie sinnlos vergeudete Liebe mit eingeschlossen. Ich habe zwar nie mit ihm darüber gesprochen, aber ich denke oft, er hat mir etwas sehr Wichtiges beigebracht: Die Liebe, die man nicht bekommen hat, sammelt sich auf geheimnisvolle Weise in einem an. Und entschließt man sich irgendwann, sie jemandem zu schenken, einem Mann oder einer Frau oder dem

Kind, das man haben wird, wird man feststellen, dass der Vorrat unerschöpflich ist.

Édouard und Marie-Louise haben 1949 geheiratet. Da war sie gerade achtzehn.

Mamas Augen auf dem leicht vergilbten Hochzeitsfoto strahlen; man sieht, dass es der schönste Tag ihres Lebens ist. Mein Vater wirkt irgendwie abwesend und sehr würdevoll. Es muss ein merkwürdiges Gefühl sein, plötzlich eine Familie und Verantwortung zu haben.

Sie lieben sich, das ist nicht zu übersehen.

Ein Jahr später, am 11. Juli 1950, kommt um 8 Uhr 50 ihre Tochter zur Welt, ein hübsches, dunkelhaariges Baby mit tiefschwarzen Augen. Ein kleines Bündel neuen Lebens.

Und das war ich.

3. KAPITEL

»Viertausendachthundert Gramm! Ein schönes Baby!« Die Hebamme hat nicht gesagt, ich sei ein dickes Baby …

Während sie ihre Instrumente einpackt, gibt sie meiner Mutter letzte Ratschläge. Ihre Arbeit ist getan.

Die Morgensonne durchflutet das kleine Zimmer im ersten Stock des Hauses meiner Großeltern, wo meine Mutter und ich uns ausruhen. Damals war es keine Seltenheit, dass Frauen zu Hause entbunden haben.

Auch meine beiden Onkel wohnen hier. Die ganze Sippe ist versammelt, den neuen Erdenbürger zu begrüßen.

Vor allem für die einfachen Leute bedeutet ein Kind Hoffnung, den Fortgang des Lebens, eine Entschädigung für Kummer, Entbehrungen und düstere Zeiten, ein göttlicher Funke, der von nun an jeden Tag erhellen wird.

Édouard, das Waisenkind, der Einsame, der vom Krieg Gezeichnete, muss es noch viel stärker als die andern empfunden haben. Ich glaube, ich war für ihn der Anker der Liebe, der seinen Platz in einem normalen Leben endgültig sicherte, ihm Halt gab. Aber natürlich freuten sich meine Großeltern, meine Onkel und selbstverständlich meine Mutter nicht minder über meine Ankunft. Alle liebten mich auf ihre Weise.

Ich habe oft versucht, mir jenen Tag im Juli auszumalen, als für mich das große Abenteuer, das Abenteuer des Lebens, begann. Seit Bestehen der Welt sind Milliarden Babys das gleiche Wagnis eingegangen. Ich bin somit weder ein Einzelfall noch ein Phänomen. Und dennoch sollte sich mein Leben von dem anderer unterscheiden: Meine Andersartigkeit, die ich mit mir herumschleppen würde wie ein Kreuz, stempelte mich zum Außenseiter.

Ich sehe mich in der weißen Wiege liegen, als stünde ich daneben: ein kleines Wesen mit dunklem Haar und milchweißer Haut, dessen pechschwarze Augen neugierig zwischen den Spitzen hervorschauen. Manchmal meine ich es sogar atmen zu hören. Ganz schwach, beinah unhörbar. Ein flüsterndes Geräusch, wie das seidige Flügelrascheln jener großen Schmetterlinge, die sich in den Erlen und Weiden an den sonnigen Ufern des Canal du Midi aufhalten.

Ich lebe. Ich liege in meiner Wiege, behütet und geliebt, und ahne nicht, was für ein Schicksal mich erwartet.

Ein hübsches, fast zehn Pfund schweres Baby …

Kaum jemand weiß, was er bei seiner Geburt gewogen hat. Ich schon. Aus gutem Grund. Da mich mein Gewicht mein ganzes Leben lang verfolgen wird, ist es angebracht, damit zu beginnen.

Dickes Baby, hübsches Baby.

Eigenartigerweise haben Kinder heutzutage ein geringeres Geburtsgewicht als noch vor vierzig Jahren. Erklärungen dafür gibt es viele: die Essgewohnheiten der Mutter, ihre aktivere Lebensweise, die kürzere Schwangerschaftsdauer, um nur einige zu nennen.

Ich weiß nicht, wie viel davon wahr ist. Tatsache ist jedenfalls, dass Kinder bei der Geburt damals mehr wogen als heute. Ich stellte mit meinen knapp zehn Pfund bei weitem keine Ausnahme dar. Die kleine Anne kam also nicht mit dem Makel der Dickleibigkeit behaftet zur Welt.

Ich war ein schönes Kind, darin waren sich alle einig.

Mein vier Jahre jüngerer Bruder wiegt bei seiner Geburt fast fünfeinhalb Kilogramm. Mich schleppt man meiner unerwünschten, überflüssigen Pfunde wegen vom achten Lebensjahr an von Krankenhaus zu Krankenhaus, von Spezialist zu Spezialist. Er muss behandelt werden, weil er so mager ist. Ein richtiger Hänfling.

Ich bin also nicht dick auf die Welt gekommen. Ich war nach Ansicht der Fachleute – aber was ist deren Meinung schon wert? – nicht zum Dicksein verurteilt. Heute, vierzig Jahre später, weiß ich immer noch nicht, weshalb ich es trotzdem geworden bin. Vielleicht werde ich es nie herausfinden.

In der Rue de Lorraine in Carcassonne dreht sich unterdessen alles um mich, den Neuankömmling. Der Tagesablauf richtet sich nach mir. Das Leben ist bestimmt nicht leicht für meine Eltern, aber sie sind glücklich.

Mein Vater arbeitet in einer Gummifabrik außerhalb der Stadt. Es ist eine schwere, schmutzige und vor allem ungesunde Arbeit. Doch sie ernährt die junge Familie. Mama ist Hausfrau. Sie kümmert sich nicht nur um mich, sondern versorgt auch die beiden jüngeren Brüder, um ihre Eltern, die ganz allmählich alt werden, zu entlasten. Als mein Bruder 1954 zur Welt kommt, ist die harmonische kleine Gemeinschaft perfekt.

Die Liebe und eine tiefe Lebensfreude, die man nicht beschreiben kann, halten die Familie zusammen, fester und unverbrüchlicher als der Alltag mit seinen Problemen und Zwängen. Ich erinnere mich nicht besonders gut an meine ersten Lebensjahre, aber dass wir eine richtige Familie waren, das kann ich beschwören. Geblieben ist mir das verschwommene, süße Gefühl einer fast unwirklich glücklichen Zeit.

Strahlender Sonnenschein. Der leicht schale Geruch des Wassers und der Vegetation an den Ufern des Kanals. Das Bild meiner Mutter und der Geschmack zuckriger Milch, den ich später, als ich selbst einen kleinen Jungen zur Welt bringen werde, voller Entzücken wieder finde.

Meine Mutter hat mir einmal mit Zärtlichkeit und Wehmut in der Stimme erzählt, sie hätte die größten Schwierigkeiten gehabt, mich zu entwöhnen. Saugte ich doch im Alter von fast siebenundzwanzig Monaten noch immer gierig an ihrer Brust! Zu guter Letzt, als sie sich nicht mehr anders zu helfen wusste, besorgte sie sich in der Apotheke eine jener bitteren Salben, die es damals überall zu kaufen gab und mit der auch dem eigensinnigsten Säugling das Naschen abgewöhnt werden sollte. Aus Rache habe ich sie gebissen, bis sie blutete. Sie werden vielleicht sagen, das zeugt von Willensstärke. Aber die Folge dieser ebenso drastischen wie schmerzhaften Methode war, dass das einst wohlgenährte, hübsche Baby erschreckend abmagerte.

Die dreijährige Anne ist ein zartes, schmächtiges Kind. Und dann die Katastrophe: In Südfrankreich bricht die Cholera aus.

Heutzutage ist diese schwere epidemische Infektionskrankheit nur noch eine böse Erinnerung, doch damals forderte sie zahlreiche Opfer. Unsere Mütter und Großmütter werden mit Entsetzen daran zurückdenken. Ein infiziertes Kind, ja selbst ein Erwachsener hatte kaum eine Überlebenschance.

»Sag mal, die Kleine ist aber dünn! Gibst du ihr denn nichts zu essen?«

Bisher hatte meine Mutter über die gutmütigen Späße gelächelt. Seit die Seuche wütete und immer weiter um sich griff, war ihr das Lachen vergangen. Sie machte sich ernsthaft Sorgen, weil ich so mager und zerbrechlich war. Ich war zu schwach. Die Cholera würde mich nicht verschonen.

Sie hat mich auch nicht verschont.

Wochenlang werde ich vom Fieber geschüttelt und kämpfe mit dem Tod.

Meine Mutter pflegt mich und wendet all ihre Kraft, all ihre Liebe auf, um zu verhindern, dass mein Lebensfaden reißt. Mein Vater muss furchtbar gelitten haben, still und stumm wie immer, denke ich mir. Im Krieg hat er genug Menschen sterben sehen, er weiß um den nicht wieder gutzumachenden seelischen Schaden, den der Tod bei den Überlebenden anrichtet.

Ich bin überzeugt, die tiefe Zuneigung meiner Eltern hat mich geheilt. Obwohl ich nicht abergläubisch bin, glaube ich fest an die positive Kraft der Gedanken und der Liebe. Insbesondere, wenn es sich um ein Kind handelt.

Das Fieber sinkt, ich erhole mich zusehends. Es ist, als würde ich zum zweiten Mal geboren.

Hat meine Gewichtszunahme tatsächlich nach der überstandenen Krankheit begonnen?

Viele meinten später einen Zusammenhang zwischen der Cholera und meiner Korpulenz festzustellen. Ich weiß nicht, inwieweit diese Erklärung vom medizinischen Standpunkt aus haltbar ist, denn die Meinungen der Fachleute gehen weit auseinander. Was beweist, dass sich hinter ihrem herablassenden Gehabe und den scheinbar wissenschaftlich fundierten Erkenntnissen eine tiefe Unkenntnis dessen, was wirklich geschehen ist, verbirgt.

Letzten Endes spielt es auch keine Rolle, ob die Cholera und die medikamentöse Behandlung für meine Stoffwechselstörungen verantwortlich sind oder nicht. Ich lebe, und das ist die Hauptsache!

Der schmächtige kleine Spatz kommt rasch wieder zu Kräften. Die Familie atmet auf. Papa kehrt mit neuem Mut an seine Arbeitsstätte in der Fabrik zurück, Mama kann sich wieder um den Haushalt kümmern. Sie ist glücklich. Ihr Bauch rundet sich: Mein kleiner Bruder ist unterwegs.

Ich bin einfach unmöglich! »An dir ist ein Junge verloren gegangen«, pflegt meine Großmutter zu sagen. Sie steht tausend Ängste um mich aus. Ich jage die Treppe von unserer Wohnung ins Erdgeschoss in einem Tempo hinunter, dass es an ein Wunder grenzt, wenn ich mir nicht den Hals breche. Ich renne wie eine Verrückte den Kanal entlang. Oder ich ärgere meinen armen Großvater, der sich sehnlichst ein bisschen Ruhe wünscht.

»Du kleiner Frechdachs!«

Was habe ich jetzt schon wieder gesagt? Was habe ich nun schon wieder angestellt?

Ich sehe ihn noch heute vor mir, den großen, alten Mann, hager und knorrig wie ein verwitterter Rebstock, die Baskenmütze, die ich so lustig fand, fest auf dem Kopf. Er jagt mich wieder einmal um den Tisch in dem großen Wohnzimmer, wo wir uns meistens aufhalten. Natürlich erwischt er mich nicht. Ich bin zu flink, zu wendig für seine alten Beine. Ich provoziere ihn, ich lache ihn aus. Schließlich gibt er auf und lässt sich atemlos in einen Sessel fallen.

»Die Göre macht mich noch wahnsinnig!«

Er ist mir nicht ernsthaft böse. Im Gegenteil, er freut sich, dass ich so bin, wie ich bin: von seinem Schlag. Leben pur.

Wie oft hat er mir von seiner Heimat, diesem ursprünglichen Land erzählt, von seiner Mutter, der unbeugsamen Amazone, vom Freiheitsdrang und der Lebensfreude der Seinen.

Er hat mich auch die Liebe zur Region rings um Carcassonne und zu der alten Stadt, seiner Wahlheimat, gelehrt, wo er seine Familie gründete und ich zur Welt kam. Eine Region, die Gewalt und Krieg kannte, aber auch Liebe und Leidenschaft, Heldentum und Wagemut. Eine Region, deren Bewohner oft um ihr Leben kämpfen mussten.

So oft ich vor den gewaltigen, ockerfarbenen Festungsmauern stehe, an denen so viel Blut klebt, muss ich an die Geschichte denken, die Louis mir einmal erzählt hat. Ich glaube, ich weiß, warum: damit ich mir ein Beispiel nähme an der Frau, die darin vorkommt.

»Vor langer Zeit«, begann er, »fielen die Sarazenen regelmäßig in der Region ein. Sie verwüsteten Städte und Dörfer, brandschatzten, plünderten Kirchen, raubten Vieh und Vorräte, mordeten, vergewaltigten, versklavten Männer, Frauen, Kinder … Eines Tages erreichten sie Carcassonne. Sie merkten bald, dass es nur einen Weg gab, die

Stadt zu erobern: sie auszuhungern. Also schlugen sie im Tal ihr Lager auf und warteten in aller Ruhe, bis die Einwohner sich ergeben würden. Die Belagerung dauerte furchtbar lange. Die Vorräte in der Stadt waren bald aufgebraucht, nur ein Schlachttier, ein Schwein, war übrig geblieben. Da beschlossen die Männer, die Tore zu öffnen und sich dem Feind zu ergeben. Empört trat daraufhin eine Frau aus der Menge und warf den Soldaten Feigheit vor. Sie müssten aushalten bis zum bitteren Ende, sagte sie. Lieber wolle sie sterben, als zu kapitulieren. Und um ihren Worten Nachdruck zu verleihen, packte sie das Ferkel, stieg auf den Wehrgang hinauf und schleuderte das arme Tier hinunter, den völlig verdutzten Sarazenen vor die Füße. Die schlossen daraus, dass die Vorratstürme der Stadt offensichtlich besser gefüllt waren, als sie vermutet hatten. Denn wer wirft schon zwei saftige Schinken und den Rest dazu weg, wenn er Hunger leidet! Sie kamen überein, ihre Zeit nicht länger vor der Festung zu verschwenden, hoben die Belagerung auf und zogen ab …«

Ich weiß nicht, ob sich die Geschichte wirklich zugetragen hat. Es ist auch nicht wichtig. Für meinen Großvater verkörperte dieses tapfere, schlaue Mädchen jedenfalls alles, was die Frauen in seiner Wahlheimat auszeichnet.

»Bei uns tanzen selbst die Omas gern«, heißt es bei Claude Nougaro, der die Garonne-Landschaft besingt. Seine Verse, die Erzählung meines Großvaters und die Erinnerung an meine wilden ersten Lebensjahre halfen mir, mich ein bisschen besser kennen zu lernen.

Ich war sanftmütig und empfindsam und bin es heute noch. Ich kann nicht sagen, ob ich so auf die Welt gekommen bin oder ob mich das Leben erst dazu gemacht hat. Manchmal denke ich, ich leide mehr als andere und nehme alles viel intensiver wahr. So als hätte mich die Natur mit einem ungewöhnlich großen, ungeschützten Herzen ausgestattet.

Ich kann aber auch sehr wütend werden, mit Funken sprühenden Augen toben wie ein Gewitter über dem Montagne Noire, rasen wie der stürmische Nordwind, der alles hinwegfegt …

Diese Mischung fand sich bereits in dem kleinen Mädchen wieder, das, nur knapp dem Tod entronnen, das Leben entdeckte. Obwohl ich mich nicht für Astrologie und Horoskope interessiere, muss ich zugeben, ich habe alle Eigenschaften, die meinem Sternbild zugeschrieben werden: Ich bin Krebs mit Aszendent Löwe – das sind, vorsichtig ausgedrückt, zwei recht gegensätzliche Tierkreiszeichen!

Hitzig, unberechenbar, dann wieder sanft wie ein Lamm, temperamentvoll, zärtlich, quecksilbrig, wenn es sein muss auch eine Spur ätzend, das war die kleine Anne. In das spanische und italienische Blut mischte sich der Lebenssaft einer rauen, stolzen, freien Erde, eines Landes, das an Heimat statt angenommen worden war.

Und diese kleine Anne nahm vermutlich damals schon an Gewicht zu, ohne dass sie selbst oder irgendjemand sonst es bemerkt hätte. Meine Mutter freute sich über meinen kräftigen Appetit. Schließlich war ich sterbenskrank gewesen, da konnte es nur ein gutes Zeichen sein, wenn mir das Essen wieder schmeckte.

Bis zu meinem sechsten Lebensjahr habe ich meine vertraute Umgebung nicht verlassen. Die Nachbarskinder, mit denen ich gelegentlich spielte, ließen mich nicht spüren, dass ich anders gewesen wäre als sie. Ich selbst kann mich übrigens auch nicht mehr an ihre Gesichter, ihre Figur, irgendeine Besonderheit erinnern. Ich denke, das sagt alles.

Erst als ich eingeschult wurde und zum ersten Mal mit Fremden zusammenkam, verspürte ich, so glaube ich mich zu erinnern, ein leichtes Unbehagen. Nichts Konkretes, nur das vage Gefühl, mich irgendwie von den andern zu unterscheiden, nicht in den Rahmen zu passen.

Ich erinnere mich nur dunkel, aber ich weiß noch, es stimmte mich traurig. Es war wie ein Dunstschleier über einem allzu blauen Himmel, ein Blutstropfen, der das viel zu klare Wasser trübt. Ja, das ist es: eine erste leise Furcht, die so weit zurückliegt, dass man viele Jahre nicht daran gedacht hat. Ich war ein bisschen pummelig. Die andern waren schlank und rank. Es ist so lange her.

An meinen ersten großen Kummer dagegen erinnere ich mich ganz genau, und ich will es auch nicht vergessen. Das war, als ich zum ersten Mal mit der Niederträchtigkeit und der Dummheit der Menschen Bekanntschaft machte. Und es hatte überhaupt nichts mit meiner Figur zu tun, rundlich oder nicht.

Ich muss sieben gewesen sein. Auf dem Weg hinunter zum Kanal entdeckte ich ein junges Tigerkätzchen. Ein herziges Tier mit großen, unschuldigen Kulleraugen. Wie war es dahin gekommen? Und was sollte nun aus ihm werden ohne die Fürsorge und die Milch seiner Mutter?

Ich nahm es kurzerhand mit nach Hause.

Niemand hatte etwas gegen meinen neuen Spielkameraden einzuwenden. Ein paar Tage später, ich weiß nicht mehr, warum, musste ich die Katze für kurze Zeit in die Obhut einer Nachbarin geben. Léontine war eine zänkische, klatschsüchtige alte Jungfer. Sie ist nicht beliebt, aber man muss mit ihr leben.

Ich erinnere mich auch nicht mehr, womit ich mir an jenem Nachmittag den Zorn der garstigen Léontine zugezogen habe. Ich saß friedlich auf einer Stufe im Treppenhaus und blätterte in einer Illustrierten, die ich meiner Mutter stibitzt hatte. Die Zeitschrift war leicht zu lesen, und ich betrachtete hingerissen die Fotos von all den schönen, reichen Leuten, die sich dauernd küssen. Ich war so vertieft in meine Lektüre, dass ich Léontine nicht kommen hörte. Sonst wäre ich wie ein geölter Blitz in die entgegengesetzte Richtung verschwunden. Zu spät! Sie fuhr auf mich los und kreischte in den höchsten Tönen:

»Du ungezogene kleine Göre! Na warte nur, wenn ich dich zu fassen kriege!«

Ich sprang auf und stürmte mit Riesensätzen die Treppe hinauf. Ich wusste, was ich tun würde: mich zu Großmutter flüchten. Bestimmt konnte sie die alte Krähe beruhigen. Schlimmstenfalls würde sie mir eine kleine Gardinenpredigt halten, aber das war immer noch besser, als von dieser Giftnudel verhauen zu werden.

Léontine eilte mir unter lautem Gekeife nach. Auf dem Treppenabsatz vor unserer Wohnungstür blieb sie abrupt stehen und starrte sprachlos auf die kleine Katze, die dort in der Sonne lag. Sie hatte es offensichtlich nicht ausgehalten bei dem alten Drachen.Als Léontine die Sprache wieder gefunden hatte, richtete sich ihre Wut nicht mehr gegen mich, sondern gegen das unschuldige Tier. »Du Mistvieh!«, brüllte sie. »Wie kommst du hierher? Ich hab dich doch eingesperrt!«

Bevor ich reagieren konnte, hatte sie sich gebückt, packt das Kätzchen, als wäre es ein schmutziger Scheuerlappen, und schleudert es mit aller Kraft über das Geländer in die Tiefe, wo es auf dem Betonboden aufschlug.

Niemals hätte ich mir in meinem Kinderhirn vorstellen können, dass ein Mensch zu so etwas fähig sein könnte. Als ich das klägliche Miauen der Katze hörte, löste ich mich endlich aus meiner Erstarrung und stürzte an Léontine vorbei wie eine Wahnsinnige die Treppe hinunter.

Das arme Tier rappelte sich mühsam auf. Es hinkte, und seine Schnauze blutete fürchterlich. In seinen Augen las ich die gleiche entsetzliche Angst wie in den Augen von Kindern, die nicht begreifen, weshalb sie verprügelt werden.

Mein kleiner Freund mit dem seidigen grauen Fell ließ mich nicht an sich heran. So schnell er konnte humpelte er davon, durch die Hecke und über die Straße. Ich habe ihn nie wieder gesehen.

Da habe ich mich umgedreht und in ohnmächtiger Wut und mit Tränen in den Augen zu der alten Hexe, die hämisch grinsend am Geländer stand, hinaufgeschrien: »Du Dreckstück!«

Ich weiß, ein Kind sollte so ein Wort nicht in den Mund nehmen. Aber was ist dieses Schimpfwort schon verglichen mit dem Unrecht, das man dem Kind zugefügt hat. Ich fühlte mich zum ersten Mal in meinem Leben völlig hilflos, wehrlos, und ich hatte noch nie so sehr gelitten wie an jenem Tag.

Bisher hatte ich die Erwachsenen für liebevolle, perfekte Wesen gehalten. Jetzt begriff ich, wie böse sie sein konnten.

Nein, sie waren es wirklich.

Das sollte ich bald genug erfahren.

4. KAPITEL

Als mein Vater am Abend von der Arbeit kommt, bringt er gute Neuigkeiten mit nach Hause:

»Dieses Mal hat's geklappt! Sie haben mich genommen! Ich hab die Stelle!«

Er, der normalerweise so zurückhaltend ist und mit Gefühlsäußerungen geizt, ist vor Freude ganz aus dem Häuschen. Seine Augen strahlen. Meine Mutter ist aufgesprungen und wirft sich überglücklich in seine Arme. Für sie beide ist ein lang ersehnter Traum in Erfüllung gegangen.

Ich freue mich mit ihnen. Ich bin zwar erst sieben, aber ich weiß, worum es geht. Und ich habe genauso ungeduldig auf diesen Augenblick gewartet wie meine Eltern. Mein Bruder ist noch zu klein, um den Grund für unseren Jubel zu verstehen, doch unser Freudenausbruch ist ansteckend, und so lacht er fröhlich mit.

Papa hat endlich die Stelle bei der Bahn bekommen, um die er sich beworben hatte. Er braucht nie mehr in die Gummifabrik zu gehen, nie mehr die schmutzige Arbeit zu verrichten, nie mehr die giftigen Dämpfe einzuatmen, die früher oder später die Lungen zerstören. Sein neuer Arbeitsplatz bringt ihm nichts als Vorteile: eine leichtere Tätigkeit, bessere Bezahlung, wirtschaftliche Sicherheit.

Und wir würden umziehen. Was für ein wundervolles Wort für ein siebenjähriges Kind! Umziehen. Einen neuen Lebensraum entdecken. Was für ein Abenteuer! Und ein Schritt in Richtung Erwachsenwerden.

»Ich weiß sogar schon, wohin ich versetzt werde!«, jubelt Papa. »Nach Savigny-sur-Orge. Das ist ein Vorort im Süden von Paris. Hauptstadt, wir kommen!«

»Werden wir da auch eine Wohnung finden?«, fragt Mama besorgt.

»Aber ja. Das ist überhaupt kein Problem. Die Eisenbahn ist kein Provinzbetrieb. Die haben eine eigene Wohnungsvermittlung für ihre Angestellten.«

Er hat Recht. Alles klappt wie am Schnürchen. Wir können ein kleines, möbliertes Appartement beziehen, bis die im Bau befindlichen Sozialwohnungen fertig gestellt sind. Und dann bekommen wir eine richtige Wohnung mit einem richtigen Badezimmer!

Ein Bad! Mein großer Traum.

Damals träumten viele Leute von einem Bad. Heute kann man sich gar nicht mehr vorstellen, was das für uns bedeutete. Nur die Reichen hatten so ein Zimmer, in dem es so herrlich nach Sauberkeit, parfümierter Seife, warmem Wasser und frisch gewaschenem Körper riecht. Mit einer Badewanne, in der man sich genüsslich aalen kann. Mit einer Dusche. Und einem Waschbecken, das nur für die Körperpflege benutzt wird.

Wir wuschen uns damals in der Küche, wo es den einzigen Wasseranschluss im Haus gab, entweder über der Spüle oder in einer Schüssel zwischen dem schmutzigen Geschirr und den Küchenabfällen. Da war ein Badezimmer natürlich das höchste der Gefühle!

Abgesehen von gelegentlichen Ausflügen ans Mittelmeer – von Carcassonne aus waren das vielleicht fünfzig Kilometer – hatte ich noch nie eine weitere Reise unternommen. Und jetzt fuhren wir nach Paris.

Ich sitze am Fenster und betrachte Stunde um Stunde die vorbeiziehende Landschaft. Für meine Kinderaugen flitzen die Bilder viel zu schnell vorbei. Weiden mit Rindern oder Schafen. Städte. Dörfer. Wälder mit fremdartigen Bäumen, riesige Felder, deren Halme im Wind wogten.

Ich wünschte, der Zug würde einen Augenblick anhalten, damit ich mir den Weiler mit den drei spielenden Kindern in meinem Alter besser einprägen oder einen großen Strauß von diesen gelben Blumen am Bachrand pflücken oder der alten Frau auf dem sandigen Pfad zwischen den Hügeln eine helfende Hand reichen könnte.

Ich wünschte …

Ja, ich wünschte, ich könnte alles sehen, alles an mich raffen, alles behalten. Und gleichzeitig wünschte ich, wir wären schon am Ziel unserer Reise. Ich kann es gar nicht erwarten, den Wundern zu begegnen, die in meinem neuen Leben auf mich harren. Mir kommt es so vor, als würde ich mit einem Schlag erwachsen werden.

Die Ernüchterung setzt gleich bei der Ankunft in Paris ein.

Ich erinnere mich gut an das Unbehagen, das ich verspürte, wie eine böse Vorahnung. Es hat bestimmt nicht länger als ein paar Sekunden gedauert. Kinder haben ein besonderes Gespür, sie empfangen geheimnisvolle Botschaften – und vergessen sie wieder. Erst Jahre später, wenn das Leben ihnen Recht gegeben hat, ist die Erinnerung in schmerzhafter Deutlichkeit plötzlich wieder da.

Habe ich vorausgeahnt, dass in meinem neuen Leben nicht nur eitel Sonnenschein herrschen würde? Habe ich das Ende meiner sorglosen Kindheit vorhergesehen und den Eintritt in die von Bosheit und Grausamkeit bestimmte Welt der Erwachsenen mit ihren Leontinen, ihren niederträchtigen Lehrerinnen, ihren unmenschlichen Ärzten und all den gehässigen anderen? Habe ich gespürt, ich würde leiden, auf Ablehnung und Unverständnis stoßen, eine Außenseiterin sein, jemand, der mit einem Gebrechen behaftet ist, aber nicht als behindert gilt …«

In Savigny wird mir auf einmal bewusst, wie weit ich von zu Hause entfernt bin. Alles ist anders hier. Zu jener Zeit ist es noch eine ländliche, nur spärlich bebaute Gegend, aber die Häuser kommen mir stumpf und grau vor, so als würden die Steine das Licht schlucken oder davor zurückscheuen. Bei uns daheim harmonieren sie mit der Sonne, sie wissen ihr Licht zu würdigen, nehmen es auf und geben es wieder ab.

Nicht einmal die Sonne ist die gleiche. Sie stiehlt sich geduckt über das Land, statt den Dingen ins Gesicht zu scheinen. Es fehlt ihr an Offenheit, an Direktheit.

Und der Wind ist kein richtiger Wind, sondern ein Kampf zwischen Luftströmen. Wie habe ich den Nordwind aus den Bergen vermisst!

Die Wohnung, die uns zugewiesen worden war, gefiel uns. Möblierte Wohnungen sehen überall auf der Welt gleich aus: eingerichtet mit unpersönlichen Möbelstücken und Gegenständen, die schon da sind, wenn man kommt, und die dableiben, wenn man wieder geht. Irgendwann gewöhnt man sich an sie und an das Leben mit ihnen. Und doch hat man stets das unangenehme Gefühl, als beobachteten sie einen heimlich. Vielleicht ist das der Grund, weshalb Menschen, die in möblierten Zimmern, Hotels und provisorischen Unterkünften wohnen, sich dort einfach nicht zu Hause fühlen.

An die Einrichtung im Einzelnen kann ich mich nicht mehr erinnern. Ich weiß nur noch, dass ein Klavier dazugehörte. Ich habe mir oft vorgestellt, wie es wäre, meine Hände über die Tasten gleiten zu lassen und ihnen Töne zu entlocken. Ich hätte so gern darauf gespielt, aber meine Eltern erlaubten es nicht, aus Sorge, ich könnte die Hauseigentümerin, eine nette Frau, die im Stockwerk über uns wohnte, mit meiner Katzenmusik stören. Und außerdem, so scheint mir, war ein Klavier für sie etwas, das zu einer anderen Welt gehörte, einer für einfache Leute, wie wir es waren, unerreichbaren Welt.

Wir wohnen fast zwei Jahre dort, als uns endlich die gute Nachricht erreicht: Wir bekommen unsere eigene Wohnung! In der Schule, wo ich mir immer deutlicher, immer schmerzlicher meiner Andersartigkeit bewusst werde, fühle ich mich nicht besonders wohl, und so erhoffe ich mir sehr viel von diesem Umzug. Wahrscheinlich bedeutet er für mich mehr als für ein »normales« Mädchen.

Ich bekam mein eigenes Zimmer. Mit einer Anbauliege, wie sie damals modern war, und einer Menge Verstecke für meine Geheimnisse. Die Geheimnisse eines Kindes. Eines traurigen Kindes, auch wenn ich mir nichts anmerken lasse und immer die Quirlige, die Unermüdliche, die Fröhliche spiele.

Meine Andersartigkeit wacht ständig über mich. Lauert mir auf und fällt über mich her, wenn ich es am wenigsten erwarte. Nie kann ich ein Spiel, ein zwangloses Beisammensein unbeschwert genießen, weil mich immer die – begründete – Furcht begleitet, die andern, meine so genannten Freunde, könnten jeden Augenblick diese schrecklichen, kränkenden Dinge sagen:

»Fettkloß!«

»Dampfwalze!«

»Du bist zu dick, Anne!« Mit diesen Worten haben mich nicht nur die Lehrerin und die Schulärztin, sondern vor allem auch dieser widerwärtige Endokrinologe schikaniert. Erwachsene also, Leute, deren Meinung Gewicht hat und denen es sogar gelungen ist, meine armen Eltern zu überzeugen. Die können doch nicht irren, oder?

Meine dunklen Ahnungen haben mich nicht getrogen. Nicht lange nach unserer Ankunft in Savigny beginnt mein Leidensweg. Und ich kann machen, was ich will, es wird nie mehr aufhören.

NIE MEHR.

Ich kämpfe. Ich versuche alles, um mich vor der zwanghaften Verfolgung durch meine Andersartigkeit, mein Dicksein, die mir von nun an überall auflauert, zu schützen.

Sofort nach dem Klingeln stürze ich aus dem Klassenzimmer, fort von dieser verhassten Lehrerin, raus aus dieser verdammten Schule, in der ich, obgleich ich etwas lernen und eine gute Schülerin sein möchte, nicht mitarbeite und mich nicht am Unterricht beteilige. Ich tobe wie eine Verrückte mit den andern Kindern herum oder spiele stundenlang Murmeln, ein Spiel, bei dem ich alle schlage, sogar die Jungen. Mit ihnen bin ich übrigens lieber zusammen als mit

Mädchen. Sie sind offener und sagen, was sie denken, anstatt hinter meinem Rücken über mich zu tuscheln und zu lachen. Die Mädchen lassen immer dann, wenn ich am wenigsten darauf gefasst bin, wenn es mir für kurze Zeit gelingt zu vergessen, dass ich dick bin, und mich wie ein ganz normales Kind fühle, eine boshafte oder hinterhältige Bemerkung fallen. Ein verletzendes Wort, das mir meine Abnormität von neuem schmerzlich ins Bewusstsein zurückruft und mich wieder in das Gefängnis meines Körpers einsperrt.

Ich hasse diese Schule.

Ich hasse diese Lehrerin, die mich aufruft, mich dann aber nicht abfragt, sondern mir sagt, wie missgestaltet ich bin.

Ich hasse die Schulärztin.

Und ganz besonders hasse ich diesen Facharzt, von dem ich Verständnis hätte erwarten dürfen, der mich stattdessen jedoch mit verächtlicher Herablassung behandelt. Jeder Labormaus hätte er mehr Aufmerksamkeit geschenkt als mir, aber ich bin ja auch nur ein Haufen Fett.

Nach der Untersuchung sind Mama, mein kleiner Bruder und ich in ein Café gegangen. Man hatte uns lange im Vorzimmer des Spezialisten warten lassen. Es war schon später Nachmittag, und da wir nicht zu Mittag gegessen hatten, waren wir begreiflicherweise hungrig.

HUNGRIG!

Wir suchen uns einen Tisch, und Mama faltet sorgfältig das schicksalhafte Rezept des Scheusals zusammen und steckt es in ihre Handtasche. Ich habe Hunger, und auf diesem Zettel stehen nicht nur die unaussprechlichen Namen verschiedener Medikamente, sondern auch Ernährungsvorschriften. Ich darf das nicht essen und jenes nicht essen, soll regelmäßig mein Gewicht kontrollieren und muss vor allem abnehmen, egal, wie. Und sei es dadurch, dass man mir in punkto Essen einen Komplex einredet.

Mama ist unschlüssig. Was soll sie für mich bestellen? Die ärztlichen Terrormethoden zeigen Wirkung. Ich dagegen fange mich allmählich wieder. Der Besuch bei diesem grässlichen Menschen im Krankenhaus verblasst, und ich ergreife von neuem Besitz von meinem Körper, der überall Anstoß erregt.

Mama seufzt resigniert. Mit dem grenzenlosen Einfühlungsvermögen einer Mutter ausgestattet, versteht sie, was in mir vorgeht. Ich darf mir eines dieser Sandwichs bestellen, die ich so schrecklich gern esse, mit Salatblättern, Tomaten, Majonäse. Genau das, was ich eigentlich nicht soll, aber ich brauche das jetzt. Herzhaft und hasserfüllt beiße ich hinein. Dieser blöde Doktor kann mir gestohlen bleiben! Ich habe sowieso nicht vor, noch einmal dahin zu gehen.

Ich bin doch wieder hingegangen.

Als Kind hat man keine andere Wahl. Man ist machtlos gegen den Druck von außen, wenn alle behaupten, es geschehe nur zum eigenen Besten. Dabei spürt man mit jeder Faser seines Körpers, dass genau das Gegenteil der Fall ist.

Ich habe die ganze Prozedur ein zweites Mal über mich ergehen lassen: das Wiegen, die Hände, die mich schamlos abtasten, die Herzlosigkeit des Arztes und seiner Assistenten. Die grauen Krankenhausflure. Dieser fade, widerliche Geruch nach Desinfektionsmitteln. Die unpersönlichen weißen Kittel. Die kalten Apparate. Meine Mutter, die sich um mich sorgt und sich in dieser Umgebung noch unbehaglicher fühlt als ich. Und ich? Ein ängstliches, verstörtes, hilfloses kleines Ding, das zu rund geraten ist …

Einem Kind so etwas anzutun ist unverzeihlich.

Ich weiß nicht mehr genau, wie ich erfahren habe, dass dem Krankenhaus ein Heim für Waisenkinder und Kinder in Fürsorgeerziehung angeschlossen war. Vielleicht habe ich es irgendwo aufgeschnappt, oder mir ist auf dem Flur ein traurig dreinblickendes Kind mit unruhig hin und her wanderndem Blick begegnet.

Als ich an jenem Abend im Bett liege, kommt mir mein Zimmer plötzlich fremd vor. Regelrecht feindselig. Mir ist, als starrten mich die vertrauten Gegenstände im schwachen nächtlichen Licht mit unverhohlener Abneigung an. Ich ziehe mir die Decke über den Kopf, aber das eigenartige Gefühl bleibt. Sogar meine Puppen und der kleine Plüschhase, den ich mir zu Weihnachten gewünscht hatte, scheinen sich von mir abzuwenden.

Und dann die Erkenntnis: Man will mich hier nicht mehr haben. Ich bin dick, fett, unförmig. Sie schämen sich meinetwegen. Mama und Papa bekommen immer wieder zu hören, ich sei nicht normal. Bestimmt haben sie mich deswegen nicht mehr lieb.

Jetzt verstehe ich auch, weshalb Mama vor zwei Tagen so fürchterlich mit mir geschimpft hat, obwohl ich überhaupt nichts Schlimmes getan hatte. Nach der Schule hatte ich die Nase so voll, dass ich zum Fluss hinunterging. Die Luft und die Gerüche dort erinnern mich an meine Heimat. Die Orge ist zwar nicht der Canal du Midi, aber sie ist besser als nichts.

Als ich so am Ufer saß und den Libellen zuschaute, dachte ich bei mir, es müsse wunderbar sein, schwimmen zu können, sich mit der Strömung treiben zu lassen, sich im Wasser zu Hause zu fühlen wie die Fische.

Gut, ich kannte diesen Burschen nicht. Aber er war ganz nett. So um die achtzehn, denke ich. Ein Kind kann schlecht schätzen. Wir haben uns unterhalten.

»Du würdest also gern schwimmen lernen?«

»O ja, schrecklich gern!«

Gesagt, getan. Ich ziehe mich bis auf meinen Schlüpfer aus und wate mit meinem neuen Freund ins Wasser, wo er mir die Grundzüge des Seitenschwimmens beibringt. Die Zeit vergeht. Es ist schönes Wetter, und wir lassen uns von der Spätsommersonne trocknen. Er pflückt Brombeeren für mich. Ich bin glücklich. Endlich jemand, der mich so nimmt, wie ich bin.

Als ich nach Hause komme, erwartet mich ein Donnerwetter. Und was für eins! Mama schreit mich an. Ich habe sie noch nie so wütend gesehen. Dabei habe ich doch gar nichts Böses getan.

Aber jetzt verstehe ich. Du willst mich nicht mehr haben, Mama. Du schämst dich meinetwegen. Ihr beide schämt euch meinetwegen. Wenn wir das nächste Mal ins Kinderkrankenhaus gehen, wirst du mich dort lassen, nicht wahr?

Ich will nicht ins Heim.

Ich lausche. Ich höre nur das Summen des Kühlschranks in der Küche, sonst ist alles ruhig. Ich knipse die Nachttischlampe an, setze mich an meinen Schreibtisch und schreibe mit klopfendem Herzen und Tränen in den Augen in ungelenker Kinderschrift: »Meine Eltern lassen mich verhungern. Sie bringen mich jeden Tag ins Krankenhaus, damit ich abnehme. Ich weiß, sie werden mich ins Heim stecken. Ich bin so unglücklich! Helfen Sie mir!«

Ich falte den Zettel zusammen und werfe ihn aus dem Fenster. Schicksal, nimm deinen Lauf.

Eine Frau aus dem Nachbarhaus findet ihn, als sie am nächsten Morgen zum Einkaufen geht. Sie kennt uns mehr oder weniger nur vom Sehen. Die Zeit der anonymen, gefährlich unpersönlichen Trabantenstädte hat bereits begonnen.

Mama fällt aus allen Wolken, als sie die Botschaft auf dem Zettel liest, den die Nachbarin ihr in die Hand drückt.

»Sie misshandeln Ihr Kind, Madame!«

»Aber …«

»Den Zettel da habe ich unter dem Fenster Ihrer Tochter gefunden. Ich wollte erst mit Ihnen reden, bevor ich zur Fürsorge oder zur Polizei gehe.«

Meine arme Mutter! Hin und her gerissen zwischen ungläubigem Staunen und Zorn ruft sie nach mir.

»Was soll das, Anne? Wie kannst du so etwas schreiben?«

Ich antworte nicht. Ich kann nicht. Die Worte wollen nicht über meine Lippen. Wie soll ich dir begreiflich machen, Mama, dass mich die Gemeinheit meiner Mitmenschen langsam umbringt? Ich möchte nicht mehr zurück ins Krankenhaus! Ich hab Angst, du lässt mich allein dort zurück. Es ist doch nicht meine Schuld, dass ich dick bin. Kannst du nicht in meinen Augen lesen, was ich dir sagen möchte? Du bist doch meine Mutter. Wenn du mich nicht verstehst, wer dann? In gewisser Weise war dieser Hilferuf an dich gerichtet …

Die Nachbarin steht noch immer vor der Tür. Verlegen wandert der Blick meiner Mutter von mir zu ihr und wieder zurück zu mir.

»Anne ist nicht unglücklich … Das ist nur ein dummer Scherz … Sie wissen ja, wie Kinder sind … Sie hat gesundheitliche Probleme«, stammelt sie. Leise fügt sie hinzu: »Sie ist zu dick für ihr Alter …«

Ob die Nachbarin die Situation wirklich verstanden hat oder ob sie sich nur deshalb so eilig verabschiedete, um die Geschichte schnell weitererzählen zu können, weiß ich nicht. Ich erinnere mich nur, wie furchtbar peinlich das Ganze meinen Eltern war. Was würden die Nachbarn nur denken? Die einfachen Leute fürchten die Meinung der andern, und meine Eltern haben bestimmt schrecklich unter den Gerüchten gelitten, die nun möglicherweise über sie in Umlauf waren. Die lassen ihr Kind verhungern! Wollen es ins Heim stecken! Schlagen es vielleicht sogar!

Diesen Zettel zu schreiben war unangebracht, aber was ist schon angebracht, wenn man leidet? Ich litt keinen Hunger, ich litt an mangelnder Kommunikation. Ich wusste nicht, wie ich meinen Eltern mitteilen sollte, dass mein Leben die Hölle auf Erden war. Die Hölle der Dicken, der »Fettklöße«, der »Dampfwalzen«. Der Andersartigkeit.

Meine scheinbare Energie war nur vorgetäuscht. Vielleicht stellte sie für mich auch eine Art Schutzwall dar. Das quirlige Temperamentsbündel, das sich mit den Jungs prügelte und sie im Murmelspiel haushoch schlug, war nichts als Fassade. Dahinter verbarg sich ein verzweifeltes Kind, das nicht verstand, weshalb sein armer Körper von den einen hämisch ausgelacht und von den andern ängstlich gemieden wurde.

Aber selbst ein gequältes Kind wird irgendwann erwachsen.

Viele Menschen haben sicherlich nur gute Erinnerungen an ihre Kindheit. Die Freuden, an die ich mich erinnere – an der frischen Luft in freier Natur zu sein, ein Jahrmarktsbesuch, Brombeeren am Ufer der Orge zu essen, ein Plüschhase –, sind mir vergällt worden. Nicht einmal die innige, bedingungslose Liebe meiner Eltern erwies sich als wirksames Mittel gegen das Gift, das mir von frühester Kindheit an verabreicht worden ist.

»Du bist nicht wie die anderen. Du bist fett.«

So alt, dass ich diese Rechnung mit meinem Schicksal begleichen könnte, kann ich gar nicht werden.

5. KAPITEL

Das Mädchen ist doch nicht normal ...«

Ich weiß nicht, wie viele Male Erwachsene diesen Satz hinter meinem Rücken murmelten und dachten, ich würde es nicht hören.

Lehrerinnen, Ärzte, Nachbarn, Unbekannte, alle waren sich einig, was für ein bedauernswerter Fall ich doch sei. Ahnungslos – ja, ich bin sicher, die meisten taten es nicht einmal in böser Absicht – schossen sie ihre giftigen, schmerzhaften Pfeile in das Herz des kleinen Mädchens, das gegen seinen Willen zur Außenseiterin wurde.

Die Gleichaltrigen hingegen sagten mir ins Gesicht; wofür sie mich hielten:

»Fettkloß!«

»Marzipanschweinchen!«

»Nilpferd!«

Ich war zu keinem Zeitpunkt vor ihren Beschimpfungen sicher. Sollte jemand von einem Spiel ausgeschlossen oder musste ein Sündenbock gefunden werden, traf es mit Sicherheit mich.

Ausschluss! In letzter Instanz verurteilt.

Ob Groß oder Klein, Bekannte oder Unbekannte, alle haben sie mich als Abnormität abgestempelt, haben mir meine Andersartigkeit mit glühendem Eisen ins Fleisch eingebrannt. Sie haben aus mir die gemacht, die nicht der Norm entspricht. Die Dicke. Die Andere.

Ich kann nicht einmal sagen, ob ich ihnen deswegen zürne. Ich will mich nicht als die Edelmütige hinstellen, die alles vergeben und vergessen hat oder es zumindest behauptet. Damals, das weiß ich, habe ich Hass empfunden. Gegen die anderen und gegen mich selbst.

Wahrscheinlich haben diese Menschen aus meiner Vergangenheit vergessen, was für Unheil sie stifteten. Was auch aus ihnen geworden sein mag, ich klage sie an, mein Leben in eine Hölle verwandelt zu haben, indem sie mich zum Monstrum erklärten. Das Wort ist nicht zu stark, nein, denn genau das war ich für sie: ein Ungeheuer. In einem Alter, in dem ich wie alle Kinder, ohne Rücksicht auf Herkunft, Hautfarbe oder äußere Erscheinung, ein Anrecht auf Unbeschwertheit und Lebensfreude hatte, führte ich das Dasein eines hässlichen Monsters.

So oft ich heute auf jene Zeit zurückblicke, empfinde ich den Schmerz mit der gleichen Schärfe wie damals. Das Brennen in meinem Bauch ist das gleiche, wenn ich an die wüsten Schimpfworte denke, die einen unüberwindbaren Wall aus Einsamkeit und Kummer um mich errichteten. Unwillkürlich halte ich mir die Ohren zu, damit ich sie nicht mehr höre.

Ich weiß, daran wird sich nichts ändern, solange ich lebe. Wer durchgemacht hat, was ich durchgemacht habe, wird mich verstehen. Hinzu kommt das verwirrende und zugleich quälende Gefühl, dass einem ein Stück der eigenen Persönlichkeit gestohlen wurde, ein Stück, dem es verwehrt blieb, erwachsen zu werden …

Ich muss elf oder zwölf gewesen sein, als mir eine Pause vergönnt war.

Zum ersten Mal hatte das Schuljahr ganz gut angefangen. Es machte mir wieder Spaß, in die Schule zu gehen, am Unterricht teilzunehmen. Der Geruch nach frischer Tinte und Kreide war mir nicht mehr verhasst, und die alten Erdkundekarten regten mich zum Träumen an: Ich malte mir aus, welche Reisen ich einmal unternehmen, was für Abenteuer ich bestehen würde. Ich freute mich wieder darauf, aufgerufen zu werden, um ein Gedicht, eine Textpassage aufzusagen. Ich konnte mich ausdrücken, und das half mir, aus mir herauszugehen.

Die erfreuliche Entwicklung habe ich einer Lehrerin zu verdanken. Endlich jemand, der mich versteht! Mit keinem Wort spielt sie auf mein Übergewicht an. Für sie bin ich ein Mädchen wie alle andern auch, mit dem Unterschied, dass ich in einem viel zu großen Körper gefangen bin.

»Anne, du machst die Tafel sauber.«

Sie sagt es mit ruhiger Stimme und lächelt dabei. Ich sehe noch heute den kupfernen Glanz ihres Haars in der Herbstsonne, die unser altes Klassenzimmer durchflutet. Es ist ein wunderschöner Herbst. Sogar das Wetter hat sich auf meine Seite geschlagen.

Wie sie ausgesehen hat, ob sie alt oder jung, hübsch oder hässlich war, weiß ich nicht mehr. Ihren Namen habe ich auch vergessen. Das ist auch nicht wichtig. Ich höre noch ihre Stimme und sehe ihr Lächeln. Unbeschadet hat es die Jahre überdauert.

»Du hast das Gedicht sehr gut vorgetragen, Anne.« Wenn ich in der Pause auf den Schulhof oder nach dem Unterricht nach Hause ging, wurde ich nicht mehr wegen meiner Körperfülle attackiert oder ausgeschlossen. Ich wurde akzeptiert, so wie ich war. Ich war kein seelenloser Haufen Fett mehr, den man verspottete, demütigte und ins Krankenhaus zur Untersuchung abschob.

Es ist durchaus möglich, dass meine Umgebung nicht weniger gehässig, beleidigend und ungerecht als vorher war. Nur hörte ich es nicht mehr. Wie dem auch sei: Das Verständnis und die Liebe jener Lehrerin hatten mich aus meiner Isolation herausgeholt. Ich war endlich glücklich.

Murmeln spielte ich besser denn je. Ich hatte schon einen ganzen Beutel gewonnen – bunte, einfarbige, gestreifte –, den ich in einem Versteck in meinem Zimmer aufbewahrte. Die Jungen hatten großen Respekt vor mir. Wie ich bereits erwähnte, zog ich ihre Gesellschaft jener der Mädchen vor, deren affektiertes Gehabe leicht in Gehässigkeit umschlagen konnte.

Vor dreißig Jahren lagen noch unmittelbar hinter den Hochhaussiedlungen, die in Savigny-sur-Orge nach und nach entstanden, Wiesen und Felder. Dort war unser Spielplatz. Kaum war die Schule aus, tobten wir durch die freie Natur, spielten Fangen, bis wir völlig außer Atem waren, holten uns blaue Flecke und zerschrammte Knie, lachten, kicherten und spielten Krieg der Knöpfe. Von meinem von meiner Andersartigkeit bereits auf grausamste geprägten Leben hob sich jenes Jahr als Abschnitt unbeschreiblichen Glücks ab.

Dazu gehört auch die große Kalksteinvilla, in der meine Mutter arbeitet. Sie beaufsichtigt die sieben Kinder eines Künstlerehepaars: Er ist Schlagersänger, sie Schriftstellerin. Die Großfamilie bewohnt ein herrschaftliches, in einem parkähnlichen Garten gelegenes Anwesen. Eine hohe Mauer umgibt das Grundstück. Ich verbringe fast jede freie Minute dort. Ich weiß nicht, was mich mehr fasziniert: diese Familie und das unkonventionelle Künstlermilieu, in dem sie lebt, ihre Lebensweise, die so viel ungezwungener und unverkrampfter ist als unsere kleinbürgerliche, oder das Haus selbst, mit seinen Zimmerfluchten und seinem wunderschön bepflanzten Park, in dem man ganze Nachmittage lang Räuber und Gendarm spielen oder einfach nur träumen kann. Vermutlich hat mich beides gleichermaßen beeindruckt. In meiner zwangsläufig beengten, überschaubaren Welt stellte die Villa mitsamt ihren Bewohnern so etwas wie einen Abenteuerspielplatz dar, ein Stückchen Freiheit mit einem Hauch Exotik …

Wissen Sie, was ich in der Garage entdeckt habe? Ein Klavier! Es hat sicher einmal bessere Zeiten gekannt und ist von begabten Händen gespielt worden, aber jetzt verstaubt es zwischen Gerümpel und alten Zeitungen.

Bestimmt würde man mir erlauben, darauf zu spielen, doch ich traue mich nicht zu fragen, weil ich Angst habe, mich lächerlich zu machen. Ich bin nicht einmal mit den Grundbegriffen der Musik vertraut. Ich möchte nichts weiter, als die Elfenbein- und Ebenholztasten niederdrücken und hören, was für Töne ich dem Zauberinstrument zu entlocken vermag. Klavierspielen war für mich einer jener Träume, deren Erfüllung nur höchstes Glück, reine Ekstase bedeuten kann. Irrtum völlig ausgeschlossen!

Eines Tages, als ich mir sicher bin, dass niemand in der Nähe ist – meine Mutter und die andern sind im vorderen Teil des Hauses, wo sie mich nicht hören können –, schleiche ich mich in die Garage und hebe vorsichtig den Klavierdeckel hoch. Zum allerersten Mal. Da ich seit einiger Zeit davon träume, Sängerin zu werden – ausgerechnet! –, ist dieser Augenblick, wie man sich denken kann, von weit reichender Bedeutung.

Das matte Elfenbein schimmert schwach im Zwielicht. Es kommt mir so vor, als warteten die Tasten nur auf die Berührung meiner Hände. Ich strecke einen Finger aus, drücke wahllos eine Taste. Ein Ton erklingt. Dann noch einer. Und noch einer. Wundervoll!

Mir fällt ein Lied ein, ein Schlager, den ich im Radio meiner Mutter gehört habe und dessen Rhythmus mir gefällt. Selbstbewusst, aus voller Kehle beginne ich zu singen und haue dabei in die Tasten, was das Zeug hält.

Objektiv betrachtet, veranstalte ich ein wahres Höllenspektakel, einen Lärm, um Tote aufzuwecken! Ich jedoch finde meine Interpretation geradezu genial und bin von meinen Gesangskünsten begeistert, ganz zu schweigen von meinem Klavierspiel.

Das arme Klavier! Das arme Lied! Und … arme, unschuldige kleine Anne! Es bleibt nicht bei diesem einen Mal. So oft sich die Gelegenheit bietet, ziehe ich mich in die Garage zurück, und das Massaker beginnt von neuem. Unglaublich, mit welcher Hingabe, mit welcher Freude ich bei der Sache bin.

Bis zu dem Tag, an dem der kleine Franck, einer der Söhne des Hauses, mich bei meinen Stimm- und Klavierübungen überrascht. Zu einem Zeitpunkt, da das Klavier noch immer etwas … nun, sagen wir, verstimmt ist und meine Stimme noch nicht hinreichend ausgebildet für öffentliche Auftritte.

Der kleine Franck …

Er ist ein bisschen älter als ich und um einiges pfiffiger. Er tut sehr erwachsen und spricht mit der gewichtigen Miene des erfahrenen Mannes, der schon alles von der Liebe weiß. Für mich ist Liebe ein verschwommener Begriff und zugleich etwas Zartes, Süßes. Liebe, das hat etwas zu tun mit den gut aussehenden, reichen jungen Leuten in den Illustrierten, die sich immer küssen. Noch fühle ich mich zu jung, zu unerfahren, um mir auszumalen, ich sei eins dieser Mädchen. Außerdem, so denke ich bei mir, bin ich nicht hübsch genug.

An jenem Nachmittag sind Francks Eltern nicht da, und meine Mutter ist mit seinen Geschwistern zum Fluss hinuntergegangen. Wir sind ganz allein auf dem großen Anwesen.

»Komm«, flüstert er mit geheimnisvoller, gönnerhafter Miene, »ich werd dir was zeigen.«

Arglos folge ich ihm. Nach ein paar Metern auf dem eibengesäumten Weg, der ums Haus herumführt, nimmt er plötzlich meine Hand und zieht mich durch die Hortensien zu einem offenen Fenster im Erdgeschoss.

Mir kommt es merkwürdig und ein bisschen albern vor, dass wir nicht einfach durch die Tür gehen. Erstens ist es verboten, die Blumenbeete zu betreten, und zweitens ist niemand daheim. Selbst wenn wir das, was er vorhat, heimlich tun müssten, wäre keiner da, der uns überraschen könnte. Aber dann sage ich mir, na gut, vielleicht gehört das zum Spiel, und steige durch das Fenster ein. Das Zimmer scheint das seiner älteren Schwester zu sein: das Zimmer eines Teenagers, mit Postern an den Wänden, Büchern, Puppen, einer Gitarre in einer Ecke.

Trotz seiner ernsten Miene spüre ich, Franck ist sich nicht mehr so sicher. Er zögert. Obgleich er bestimmt tausendmal in Gedanken durchgespielt hat, was er mit mir anstellen will, fühlt er sich in diesem Moment gar nicht wohl in seiner Haut.

»So … und jetzt… äh … musst du dich aufs Bett legen …«

Meinetwegen. Ich strecke mich auf der geblümten Tagesdecke aus, während Franck regungslos zwei Meter neben dem Bett steht und mir zusieht. Er scheint nicht zu wissen, wohin mit seinen Händen. Und er kann mir nicht in die Augen schauen, so als sei ihm das Ganze selbst ein wenig peinlich.

»Ja … und jetzt … jetzt musst du deinen Schlüpfer ausziehen.«

»Wie bitte?«

Ich fahre hoch wie von der Tarantel gestochen. Was ist das denn für ein komisches Spiel? Ich bin ja bestimmt nicht zimperlich, aber das geht mir dann doch zu weit.

»Das muss sein«, meint er sichtlich verlegen. »Wenn du deinen Schlüpfer anbehältst, geht es nicht. Du musst ihn schon ausziehen.«

»Nein, kommt nicht in Frage.« Und damit basta. Was würde meine Mutter sagen, wenn sie davon erführe? Sie würde es mir ansehen, da bin ich mir ganz sicher, niemals könnte ich etwas so Schreckliches vor ihr geheim halten.

Mit vor Verlegenheit hochrotem Kopf sitze ich auf der Bettkante. Franck glaubt offensichtlich, der Zorn hätte mir die Röte ins Gesicht getrieben. Wahrscheinlich befürchtet er, ich würde meiner Mutter, vor der er einen Heidenrespekt hat, von seinem unanständigen Vorschlag erzählen, und droht deshalb:

»Du darfst mit niemandem darüber reden, schon gar nicht mit deinen Eltern, sonst passiert was Fürchterliches, kapiert?«

Er setzt zu umständlichen, verworrenen Erklärungen an. Anscheinend hat er selbst nicht so recht begriffen, worum es im Einzelnen geht. Ich bekomme nur so viel mit, dass es sich um ein Spiel handeln soll, ein ganz besonderes Spiel. Eine Art Geheimritus, der einem den Eintritt in die Welt der Erwachsenen ermöglicht.

Ich bin noch nicht überzeugt. Ich frage mich, warum man unbedingt seinen Schlüpfer ausziehen soll, um erwachsen zu werden. Das kommt mir idiotisch, schmutzig und irgendwie gefährlich vor.

Franck sucht nach dem schlagenden Argument. »Mit meiner Schwester hab ich das auch schon gemacht«, sagt er. »Sogar schon ein paar Mal«, fügt er betont lässig hinzu.

»Mit Béatrice?«

»Ja, sag ich doch.«

Béa; ein lebhaftes, aufgewecktes Mädchen, das ich heimlich beneide, ist ein bisschen jünger als ich, blond, gertenschlank und so frech, wie ich schüchtern bin.

Die Geschichte gefällt mir überhaupt nicht, aber dass Béa eingeweiht ist, ändert natürlich alles. Angenommen, ich mache nicht mit: sie werden mich von ihrem Spiel ausschließen und mich in Zukunft links liegen lassen. Während sie erwachsen werden, werde ich ein Kind bleiben, und unser gutes Verhältnis, unsere Kameradschaft, an der mir so viel liegt, wird beendet sein. Die kleine Anne wird wieder einmal allein dastehen.

Das gibt den Ausschlag. Ich willige ein. Unter zwei Bedingungen: Statt mich auf dem Bett auszustrecken, was mir irgendwie unanständig vorkommt, werde ich mich auf den Fußboden legen, und ich werde meinen Schlüpfer anbehalten.

Ich schließe die Augen. Ich bin völlig verkrampft, aber fest entschlossen, die Sache hinter mich zu bringen.

Erst einmal passiert nichts. Und danach nicht viel.

Franck legt sich auf mich. Ganz schön schwer, der Kerl! Plötzlich kommt Bewegung in ihn, er beginnt so merkwürdig hin und her zu rutschen und keucht dazu, als hätte er gerade einen Hundert-Meter-Lauf absolviert.

Und das war's auch schon.

Sichtlich mit sich und seiner Darbietung zufrieden, steht Franck wieder auf. Komisches Spiel. Eigenartiger Ritus. Ich bin nicht schlauer als vorher, aber ich sage mir, wenn das alles ist, was man tun muss, um erwachsen zu werden, dann ist das wirklich keine Hexerei.

Ein beunruhigendes Gefühl bleibt zurück, nicht nur im Kopf, sondern auch im Körper. Ich weiß nichts über Liebe und Sex, darüber wird bei uns zu Hause nicht gesprochen, das ist tabu. Und so flüstert mir eine Stimme in meinem Innern zu, auf gar keinen Fall mit meiner Mutter über diese undeutliche, verwirrende Empfindung zu sprechen, die mir unangenehm und angenehm zugleich ist. Ich spüre instinktiv, meine Mutter würde mir die Hölle heiß machen, wenn sie davon erführe.

Ich weiß, mit wem ich darüber reden kann: mit Elizabeth. Jawohl, das ist genau die Richtige. Sie ist älter als ich und geht schon mit Jungen aus. Wenn man sie darauf anspricht, reagiert sie abweisend und ist gleichzeitig sehr geschmeichelt.

Gleich am andern Tag nach der Schule ziehe ich sie ins Vertrauen. Ich erzähle ihr alles: Francks sonderbares, irgendwie rührendes Verhalten, meine strikte Weigerung, meinen Slip auszuziehen, diese eigenartige Mischung aus Furcht, Ekel und Zuneigung, die ich für den Jungen empfunden habe.

Statt mir auf meine Fragen zu antworten, bricht Elizabeth in schallendes Gelächter aus.

Als ich mit dreizehn meine Periode bekam, erfuhr ich auch nicht mehr. Ich sei jetzt eine Frau, erklärte Mama mir, ohne auf Einzelheiten einzugehen. Wie viele Mütter zu jener Zeit klärte sie ihre Tochter genauestens über Hygiene und Intimpflege auf, verlor jedoch kein Wort über geschlechtliche Vorgänge im Allgemeinen und körperliche Liebe im Besonderen.

So blieb ich also – geheimer Ritus hin oder her – in der Welt der Kinder. Ich verlebte meine letzten glücklichen Jahre vor dem Sprung in den Abgrund meines Lebens, in mein Dasein als erwachsene und sich ihrer Übergewichtigkeit voll bewussten Frau. Vor der Konfrontation mit der Niederträchtigkeit und der Dummheit der Menschen.

Falls es noch mehr solcher Zwischenräume flüchtigen Glücks gegeben hat, sind sie mir nicht so nachhaltig im Gedächtnis geblieben wie jene Epoche. Kindheit, höchstes Gut. Segensreiche Zeit der Ahnungslosigkeit und der überschäumenden Tatkraft. Jeder Augenblick dauert eine Ewigkeit. Selbst der winzigste Freudenfunke gleicht einem lodernden Feuer. Es gibt kein Gestern, kein Morgen. Keine bitteren Erinnerungen, keine Angst vor dem, was die Zukunft bringen wird. Nur der Augenblick zählt, das Hier und Jetzt.

Die würzige, seltsam schwere Herbstluft, die mir nach dem Wettlauf, den ich gewann, in den Lungen brannte.

Mein Leinenbeutel mit den bunten Murmeln. Der im letzten Abendlicht kupferrot und silbern funkelnde Fluss, wenn der Geruch nach Erde und den letzten Mädesüßblüten von den öden Ufern emporsteigt. Die große Villa, das Klavier in der Garage und – warum nicht? – Franck.

Das Leben hat mich nicht besonders verwöhnt; das kann ich nach vierzig Jahren wohl behaupten. Aber ich denke manchmal, jene Augenblicke haben alles aufgewogen. Habe ich Sorgen oder Kummer, ziehe ich mich in eine Ecke meines Kopfes zurück und durchlebe diese Augenblicke noch einmal. Sie und einige andere geben mir neuen Mut und die Kraft weiterzumachen.

Und ich wünsche jedem Kind auf der ganzen Welt, es möge in seiner Kindheit, so unglücklich oder elend sie auch sein mag, wenigstens ein einziges Mal einen Augenblick von solcher Schönheit und intensivem Glücksgefühl erleben.

In jenem Jahr habe ich mir zu Weihnachten eine Babypuppe mit einem gelben Strampelanzug und gleichfarbigen Schuhen gewünscht.

Es ist auch das Jahr meiner Erstkommunion.

Obgleich ich alles andere als eine einfältige, frömmelnde kleine Gans bin, übt die Religion einen starken Reiz auf mich aus. Im Kommunionsunterricht könnte ich dem alten Geistlichen stundenlang zuhören, wenn er von den wundersamen Dingen erzählt, die in der Bibel und in den Evangelien geschrieben stehen. Wenigstens dort sitze ich, der Wildfang, einmal still!

Was ich allerdings gar nicht ausstehen kann, ist die Beichte. Im Halbdunkel des Beichtstuhls vor dem Holzgitter knien, nicht wissend, welche unbekannte Gefahr dahinter lauert, während ich mein Leben ausbreite, das ist nichts für mich. Ich frage mich immer, ob wirklich der nette Pfarrer aus dem Religionsunterricht auf der anderen Seite sitzt oder vielleicht der liebe Gott persönlich, weil ich viel zu viele Sünden begangen habe.

Hochrot im Gesicht, mit gesenktem Kopf verlasse ich den Beichtstuhl, gehe nach vorn, knie in der ersten Bank nieder und bete zur Buße die Vaterunser und Ave-Maria. Ich fühle mich schuldig und beschämt und denke, alle müssten es mir ansehen. In jenen Augenblicken scheinen sich Gott und die Kirchgänger in Ankläger zu verwandeln, sie kamen mir nicht anders vor als damals jene verhasste Lehrerin, die grobe Schulärztin, der unmenschliche Facharzt am Kinderkrankenhaus; all die Menschen, die meine überflüssigen Pfunde verurteilten wie eine Todsünde, die mit ewiger Verdammnis bestraft wird.

Ein eigenartiger Vergleich. Geboren aus den Erfahrungen eines gequälten, zutiefst verletzten Kindes.

Doch dieses Gefühl hält nicht lange an. Es verschwindet wie eine dunkle Wolke, die der Wind vertreibt, und aus den gütigen, sanften Augen des alten Priesters, der von Nächstenliebe, Barmherzigkeit und Vergebung spricht, leuchtet von neuem das Licht Gottes und seiner Botschaft.

Als ich am Tag meiner ersten heiligen Kommunion in einem knöchellangen, blütenweißen Kleid, dessen Schleier Mama liebevoll über mein langes Haar drapiert hat, vor den Altar trete, erfüllt mich ein unbeschreibliches, mit Stolz gepaartes Glücksgefühl.

Ich nehme mir fest vor, immer gut zu sein, zu lieben und zu vergeben. Das verspreche ich auch dem lieben Gott und der ganzen Welt.

Ich habe mein Versprechen gehalten, auch wenn es, in Anbetracht der Grausamkeiten und der Schmerzen, die mir zugefügt wurden, nicht immer leicht war. Ich habe oft darunter gelitten. Ich leide noch heute darunter. Die linke Wange hinzuhalten, wenn man zu Unrecht und mit voller Wucht auf die rechte geschlagen wurde, kostet Überwindung.

Und dennoch bedauere ich es nicht. Ich möchte gar nicht anders sein.

Liebe ist stärker als Gift.

6. KAPITEL

Siehst du den großen Blonden dort, auf der Vespa?« Francine, meine neue Freundin, ist wieder einmal verliebt. Wie könnte es auch anders sein. Sie ist leicht entflammbar: Sowie ein neuer Junge in unserem Viertel auftaucht, fängt sie Feuer. Dann sind alle andern abgeschrieben. Vergessen ist der kleine Dunkelhaarige aus Juvisy – der mit dem »süßen« Grübchen am Kinn und der Jacke aus Wildlederimitat –, dem sie noch vor wenigen Tagen ewige Treue und Liebe schwor.

Mit den großen blauen Augen und dem vor dem Spiegel einstudierten schmachtenden Blick, dem langen, honigblonden Haar und den wohlgeformten Beinen, die unter dem Minirock hervorschauen, ist sie ein Typ, auf den die Männer fliegen. Der Junge auf der Vespa, dessen blonde Schmachtlocken bis in den Nacken reichen, dürfte da keine Ausnahme sein. Warum sich also zieren? Sie braucht ihm nur zu verstehen zu geben, dass sie durchaus nicht abgeneigt ist. Der Rest ergibt sich von selbst. Zumal er sich seit ein paar Minuten für uns zu interessieren scheint. Genauer gesagt, für sie.

Für mich bestimmt nicht.

Mit meinen auf einen Meter vierundsechzig verteilten fünfundachtzig Kilogramm brauche ich nicht zu befürchten, mir könnte so etwas passieren. Dicke sind nicht gefragt. Statt Aufmerksamkeit ziehen sie höchstens beißenden Spott auf sich. Oder sind für Botengänge gut – so wie ich.

Meine Rolle als Francines Freundin beschränkt sich darauf, die Vermittlerin zu spielen. Ich werde zu dem Lackaffen auf der gegenüberliegenden Seite des Platzes gehen und sagen: »Du, entschuldige … Siehst du meine Freundin, die hübsche Blonde dort? Sie heißt Francine. Sie dachte … na ja …«

Er sieht mich nicht einmal an. Gibt mir nicht einmal eine Antwort. Er hat nur Augen für Francine. Mitten im Satz lässt er mich stehen und steuert seinen Motorroller über den Platz. Ich schaue ihm nach. Ich sehe, wie er und Francine ein paar Worte wechseln. Ich male mir aus, was sie zueinander sagen, denn mich hat noch nie einer angesprochen.

Francine lacht kokett. Schließlich steigt sie hinter ihm auf die Vespa, legt die Arme fester, als es nötig wäre, um seine Taille und schmiegt ihr niedliches Gesicht an seinen Rücken. Er spielt den großen Macker und lässt, um ihr zu imponieren, den Motor aufheulen. Die Vespa rollt davon und verschwindet in einer Seitenstraße.

Ich bin sechzehn Jahre alt.

Francine und ihre Freundin Nicole, ein süßes kleines Ding mit kurzen, dunklen Haaren, dulden mich, solange ich ihnen irgendwie nützlich bin. Das ist nicht so besprochen worden, sondern wird stillschweigend vorausgesetzt. Teil der Abmachung.

Sie sind reizend, die beiden, die Jungs mögen sie, und sie mögen die Jungs. Ich, die schüchterne Jungfrau, die komplexbeladene Dicke, darf sie bedienen, ihre Botschaften übermitteln, zu ihren Freunden gehen und ihnen sagen, es sei Schluss, wenn sie genug von ihnen haben.

Auf die eine oder andere Art muss ich mir ihre Freundschaft erkaufen. Ich weiß, »Freundschaft« ist nicht das richtige Wort. Aber trotz der leidvollen Erfahrungen, die ich bis zu diesem Zeitpunkt gemacht habe, bin ich noch zu jung, um den wahren Sinn dieses hehren Wortes zu begreifen.

Ich bin naiv und einsam. Entsetzlich einsam. Von meinen Komplexen will ich gar nicht erst reden. Die andern kommen nicht zu mir, ich muss zu ihnen gehen, wenn ich leben will. Und das will ich. Zumindest überleben. Der Preis spielt keine Rolle. Ich hätte meine Mutter verkauft, um von meinen hübschen, gleichaltrigen Kameradinnen akzeptiert zu werden. Sie haben alles, was sich ein Mädchen nur wünschen kann. Und ich habe nichts.

Deshalb bin ich zu allem bereit. Kein Zugeständnis geht mir zu weit. Es tut weh, für einen hässlichen, fetten Schwachkopf gehalten zu werden, aber ich akzeptiere es, wenn man mich nur akzeptiert.

Ich habe mich damit abgefunden, anders als die andern zu sein und mit meiner Behinderung leben zu müssen. Von nun an kommt es für mich nur darauf an, geschickt zu verhandeln, um den größtmöglichen Nutzen aus ihr zu ziehen. Ich weiß, das klingt furchtbar, aber ich habe keine andere Wahl.

Nach der viel zu kurzen Atempause, die mir vergönnt war, beginnt die Zeit des Sichverstellens, der Masken und der Komödien. In Gegenwart von anderen – Nicole, Francine und wer auch immer – spiele ich eine Rolle. Ich verkleide meine wahren Gefühle. Alleine, zu Hause in meinem Zimmer, ist die Realität so unerträglich, dass ich ihr entfliehe, indem ich eine andere Anne ersinne, eine, die schlank und schön und erfolgreich ist. Die eine tolle Bühnenkarriere macht. Die dem Mann ihres Lebens begegnet und die Liebesgeschichte des Jahrhunderts erlebt. Aber irgendwann ist auch der schönste Traum zu Ende. Es wird Tag, und die raue, unerbittliche Wirklichkeit holt mich ein.

Bereits im Alter von vierzehn, fünfzehn Jahren war mir klar, dass ich nicht die geringste Chance hatte. Bei meinen negativen Erfahrungen? Die Vorwürfe, die Außenseiterrolle, in die ich gedrängt wurde, das abträgliche Bild, das ich von mir gewann, der Ekel, den ich bei manchen auslöste, die grausamen Beschimpfungen, die man mir ins Gesicht und ins Herz schleuderte, kaum dass ich das Schulgebäude betreten hatte. Und auf der Straße war es nicht anders. Wo ich auch hinkam, überall das Gleiche.

Ja, ich bin mir meines anstößigen Körpers endgültig bewusst geworden.

Meine Eltern haben mich im technischen Gymnasium von Arpajon angemeldet. Für mich sollte das der Schritt in ein neues Leben bedeuten. Das Ende der Kindheit, Unabhängigkeit! Meine Mitschüler sind reifer, toleranter. Wir haben viele Lehrer, für jedes Fach einen anderen. Und ich darf allein mit dem Zug zur Schule fahren. Wie eine Erwachsene. Endlich Freiheit! Jetzt wird alles anders werden.

Von wegen!

Gar nichts hat sich geändert. Ich bin »die Dicke«, in der neuen Umgebung genau so, wie ich es in der alten war. Es fällt mir schwer, mich zu integrieren. Ich weiß, jeder wartet nur darauf, mir ein derbes Schimpfwort an den Kopf werfen zu können. Sobald ich mir den kleinsten Fehler leiste.

Also schauspielere ich ohne Unterlass.

Ich bin todtraurig, aber ich spiele den Clown, die Ulknudel. Praktisch in jeder zweiten Unterrichtsstunde werde ich vor die Tür gesetzt, weil ich auffalle und störe. Wenn ich hinter dem Rücken unseres schwerhörigen Lehrers für Geschichte und Erdkunde »Pinkle auf den Rasen« singe, johlt die ganze Klasse. Ich werde natürlich erwischt. Ohrfeige, Nachsitzen. Die Stimmung ist auf dem Höhepunkt angelangt.

Man akzeptiert mich meiner Blödeleien wegen. Und ich, ich verachte mich dafür. Mir ist klar, dass meine schulischen Leistungen darunter leiden, ich mir meine Zukunft verbaue und mich allmählich selbst zerstöre.

Aber zumindest werde ich nicht als fett beschimpft. Der Preis, mit dem ich mir meinen Platz in der Gesellschaft meiner Mitschüler erkaufe, erscheint mir nicht zu hoch: Lieber will ich eine unaufmerksame, freche, undisziplinierte Schülerin genannt werden als Fettkloß, Nilpferd, Mops.

Irgendwann ist jedoch die Schule aus, und es wird Nacht.

Ich verkrieche mich in meinem Bett, und jetzt sehe ich mich so, wie ich wirklich bin, ohne Schminke und Maske. Den lieben langen Tag habe ich mich bemüht, gute Laune zu verbreiten, die andern mit meinen Späßen zu unterhalten, als echter Kumpel zu erscheinen, mit dem man Pferde stehlen kann. Alles nur Theater, Schau, Mache! Vielleicht akzeptieren sie mich, vielleicht mögen sie mich sogar, ja, aber ihre Toleranz erstreckt sich nicht auf mich, die wahre Anne, sondern auf die, die ich ihnen vorgaukle.

Weil dein wahres Ich unakzeptabel ist, Anne. Du bist nämlich nicht wie die anderen. Du wirst beurteilt nach deinem massigen Leib, deiner unverschuldeten Körperfülle und nicht nach dem Wesen, das darin gefangen ist. Also musst du den Blick von dir ablenken. Und um das zu erreichen, greifst du zu allen möglichen Tricks: du verstellst dich, täuschst etwas vor, maskierst dich.

Den Kopf im Kissen vergraben, liege ich in dem stillen Zimmer und weine, manchmal stundenlang. Alle Tränen, die dieser verwünschte Körper hergibt. Mein ganzes Fett weint, in meinem Kopf, in meinen Adern, in der kleinsten Zelle.

Morgen werfe ich mich vor einen Zug. Nein, ich springe lieber aus dem dritten Stock. Ich werde unten auf dem Asphalt aufschlagen und bestimmt sofort tot sein.

Eines Nachts bin ich aufgestanden und ans Fenster getreten. Ich wollte Schluss machen. Ich habe in die Dunkelheit hinausgeschaut und daran gedacht, dass es das letzte Mal wäre. Es war ein wenig neblig. Der schwache Schein der Straßenlaterne auf dem kleinen, verlassenen Platz wirkte seltsam gespenstisch. Die Bäume standen still und schweigend. Ich weiß noch, ich hatte den absurden Gedanken, sie schliefen und würden auf den Morgen warten, weil sich nicht ein einziges Blatt bewegte. In den Häusern ringsum war alles dunkel. In der Ferne pfiff eine Lokomotive, so weit fort, dass es aus einer anderen Welt zu kommen schien.

Ich weinte noch immer. Doch die Tränen waren nicht mehr die gleichen. Jemand anders vergoss sie, ein Teil von mir, von dem ich mich unbedingt trennen musste. So gesehen waren es Tränen der Befreiung.

Plötzlich wollte ich nicht mehr sterben. Nicht, weil ich meinen Eltern, meinem kleinen Bruder, meiner Familie damit furchtbar wehgetan hätte – ich weiß nicht, ob es nur ein Vorwand gewesen war, aber dieses Argument hatte mich lange davon abgehalten, auf den Fenstersims zu klettern und hinunterzuspringen. Nein, ich empfand es einfach als feige, mich umzubringen. Ich beschloss zu kämpfen, mein Schicksal und meinen Körper zu akzeptieren, bis sich meine Geduld und meine Beharrlichkeit irgendwann auszahlen würden.

Ich war unförmig, übergewichtig, fett, aber ich würde leben, allen zum Trotz.

Ich hörte auf zu weinen. Eine schwache Brise kam auf, die Blätter an den Bäumen säuselten. Mir kam es so vor, als strahlte das Licht der Straßenlaterne auf einmal heller, wärmer, als wenn es gegen den Dunst anzukämpfen versuchte.

Im Haus gegenüber ging ein Licht an. Noch jemand, der vielleicht aus einem Albtraum hochgeschreckt war. Ein anderes Leben. Ein anderes Schicksal.

Die kleine Anne legte sich wieder schlafen. Nicht absolut beruhigt, aber ein wenig zuversichtlicher. Ein ganz klein wenig. Jedenfalls genug, um sich nicht aus dem dritten Stock eines Vorortsozialbaus in die Tiefe zu stürzen. Ich glaube, in jener Nacht hat sie von dem einsamen Licht geträumt, das im Haus gegenüber angeknipst worden war.

Viele Jahre später, ebenfalls in einer Nacht abgrundtiefer Verzweiflung, las ich irgendwo ein chinesisches Sprichwort, das ich mir als Wahlspruch für schlechte Zeiten gemerkt habe: *»Es ist besser, ein kleines Licht in der Nacht zu entzünden, als die Dunkelheit zu verfluchen.«*

Damals hat ein Unbekannter das Licht in der Nacht für mich entzündet. Ohne etwas von meiner Notlage zu ahnen. Zufall? Ich glaube nicht. Nicht alles im Leben wird vom Zufall bestimmt. Jeder Einzelne von uns wird von der Vorsehung gelenkt.

Und über mich wachte sie, als ich im Dunkel der Einsamkeit zu versinken drohte.

Ich streife mir die Maske von neuem über und schlüpfe wieder in meine Verkleidung. Was bleibt mir anderes übrig? Doch von da an nehme ich die beiden Personen, die jahrein, jahraus meinen fülligen Körper bewohnen, bewusster wahr.

Für meine Umgebung bin ich die lustige Anne, der gutmütige, dicke Kumpel, die Freundin, der man alles anvertrauen kann, die unerschütterliche Optimistin, die jeden noch so Deprimierten aus seinem seelischen Tief reißt.

Für mich indes, und nur für mich, bin ich die traurige Anne. Aber auch die zähe, die verbissen gegen ihre Behinderung ankämpft, um zu überleben. Die Geduldige. Die manchmal weint, die oft weint, aber immer heimlich. Die fest entschlossen ist, eines Tages Wiedergutmachung vom Leben zu fordern. Am einen Fuß einen ausgetretenen Schlappen, den zweiten Schuh hat sie verloren, humpelt Anne mehr schlecht als recht ins Erwachsenenalter, immer zwei Schritt vor und meistens drei zurück.

Ein andermal hat Nicole Liebeskummer. Ich wünschte, ich hätte ihre Sorgen! Aber statt ihr zu sagen: »Du kannst froh sein, dass du dich zwischen zwei Jungen entscheiden musst, für mich interessiert sich nicht mal einer«, lege ich ihr – mütterlich, wie wir Dicken nun mal sind – den Arm um die Schultern, lache und sage tröstend: »Nun lass mal den Kopf nicht hängen, Kleines …«

Sie ist zwar älter als ich, aber das ist egal. Oder besser gesagt, das gehört zur Komödie.

»Du wirst sehen, Patrick merkt schon noch, dass du auf ihn stehst. Ich kann ja mal eine Andeutung fallen lassen, wenn du willst. Samstags nachmittags ist er immer im Tabac du Progrès und spielt Flipper. Soll ich mal hingehen?«

Ich gehe hin, gleich am darauf folgenden Samstag. Patrick fragt Nicole, ob sie mit ihm ausgehen will. Sie will. Und noch bevor sie sich zum ersten Mal küssen, haben sie die Vermittlerin vergessen.

Mich hat noch nie ein Junge geküsst. Manchmal stelle ich mir das wunderbare Gefühl vor, das einen durchströmen muss, wenn man eine liebende Hand in der seinen hält. Ich träume von Fingern, die mir zärtlich übers Haar streichen. Von romantischen Spaziergängen am Fluss, von einer Schulter, an die ich verliebt den Kopf legen kann.

Teenagerträume. Die Mädchen überall auf der Welt hegen sie, und eines Tages gehen sie in Erfüllung.

Nicht für mich.

Auf den Partys an den Samstagabenden bin ich immer Mauerblümchen. Während Nicole und Francine von einem Jungen zum nächsten wechseln und keinen Tanz auslassen, bleibe ich an meinem Platz sitzen und tanze in meiner Fantasie. Wie gern würde ich die Musik, die ich so liebe, in meinem viel zu großen Körper spüren, meine Beine, meine Hüften zu ihrem Rhythmus bewegen, sie mit jemandem teilen.

»Amüsierst du dich gut, Anne?«, fragen sie, als sie in einer Pause mit ihren neuen Freunden an den Tisch kommen.

»Ja, und wie!«, antworte ich.

Ich bin schlecht gelaunt und langweile mich zu Tode, aber was macht das schon. Eine Dicke amüsiert sich immer. Sie lässt andere für sich leben, lieben, träumen. Sie wird in einer Ecke abgestellt wie ein Blumentopf oder ein Möbelstück und muss sich damit begnügen zuzuschauen, wie die andern ihren Spaß haben.

Sie soll froh sein, dass sie überhaupt dabei sein darf, ist doch so, oder? Dafür kann man schon eine kleine Gegenleistung erwarten. Zum Beispiel, dass sie wieder Stimmung in den Laden bringt, wenn Langeweile aufkommt …

Eine Dicke ist wie ein guter Hund: immer da, wenn sie gebraucht wird, und dafür gibt's von Zeit zu Zeit eine kleine Belohnung.

Meine kleine Belohnung war eine Einladung von Francine: Zusammen mit Nicole wollten wir im Juni übers Wochenende nach Reims fahren, wo Francines Eltern ein Landhaus besaßen.

Ich war selig. Zum ersten Mal wollten die beiden mich ohne besonderen Anlass mitnehmen. Ich hielt das für ein gutes Zeichen und glaubte, ich hätte gewonnen. Ich redete so lange auf Mama ein, bis sie ihre Einwilligung gab. Und das war ein schweres Stück Arbeit gewesen!

Wir fahren zu viert in einem Mini-Cooper. Ich bin schrecklich aufgeregt und freue mich irrsinnig auf das bevorstehende Wochenende. Endlich sind wir mal ganz unter uns, keine Eltern, die uns sagen, was wir zu tun und zu lassen haben und wann wir daheim sein müssen. Und das tollste: Morgen abend soll in Reims ein Jahrmarkt stattfinden!

Ich liebe die Atmosphäre auf dem Rummel, die Karussells, die Los- und die Schießbuden, die bunten Neonlichter und die Schlager, die aus allen Lautsprechern dröhnen. Ich bin heute noch ganz versessen auf Zigeunerpuppen und Zuckerwatte, auf Liebesäpfel und Fahrten im Autoskooter.

Mit einem Wort, ich konnte es kaum erwarten, bis wir da waren.

Unsere ausgelassene Stimmung erhält gleich nach der Ankunft den ersten Dämpfer: Francine hat den Hausschlüssel vergessen. »Kein Problem«, meint ihr älterer Bruder, »wir klettern durch das eine Fenster im Erdgeschoss, das so schlecht schließt.«

Für die andern ist das in der Tat kein Problem. Sie sind schlank und beweglich. Sie ziehen sich am Fenstersims hoch und schwingen erst das eine Bein über den Rand, dann das andere. Fertig.

Aber ich? Ich kann mich anstrengen, wie ich will: Ich schaffe es nicht, meinen schweren, unbeholfenen Körper hochzustemmen. Jedes Mal plumpse ich in die Spindelsträucher unter dem Fenster zurück. Schließlich packen zwei mich von drinnen an den Armen und ziehen, während der dritte von unten schiebt. Nichts zu machen.

Ich schwitze Blut und Wasser. Und ich fühle mich tief gedemütigt. Ich schäme mich so sehr, dass ich bald gar keine Kraft mehr habe und einem riesigen, schwabbeligen Etwas ohne eigenen Willen gleiche. Zum Glück ist es dunkel, und sie können meine Tränen der Wut und der Scham nicht sehen. Sie lachen. Finden, das sei ein Witz. Ist es auch. Bloß nicht für mich.

»So wird das nie was«, sagt Francines älterer Bruder schließlich. »Wir brauchen etwas, wo sie sich draufstellen kann.«

»Wie wär's mit einem Flaschenzug?«, schlägt einer dieser Idioten vor. Allgemeines Gelächter.

»Ein Kran!«, ruft ein anderer. Das Gelächter schwillt zu hysterischem Gekreische an.

Ein Lastenaufzug! Und was weiß ich nicht noch alles. Ich höre nur noch ihr schrilles Lachen, das mich durchbohrt wie eine Messerklinge.

»Los, versuchen wir es mit einem Stuhl!«

Gesagt, getan. Sie reichen einen Stuhl aus dem Fenster, und ich setze mich darauf. Die einen ziehen an der Lehne, die andern stemmen sich von unten dagegen, bis ich in Fensterhöhe bin. Irgendwie gelingt es mir, über das niedrige, schmiedeeiserne Gitter zu klettern. Ich lasse mich ins Zimmer fallen. Nach einer kurzen Verschnaufpause beginnt das Gelächter von neuem, wieder werden dumme Witze gemacht.

Sie haben meine Tränen nicht bemerkt. Wahrscheinlich haben sie gedacht, es seien Schweißtropfen, oder aber ihre Geschichte war eine andere als meine.

Und was soll die Dicke jetzt tun? Wieder anfangen zu heulen? Versuchen, es ihnen zu erklären? Sie hätten es nicht verstanden. Also habe ich mitgelacht.

Das Wochenende hatte nicht gut angefangen. Aber es sollte noch schlimmer kommen. Nachdem wir eine Kleinigkeit gegessen hatten und noch mehr blöde Bemerkungen über meinen schwierigen Einstieg ins Haus gefallen waren, machten wir uns auf den Weg zum Rummelplatz.

»Würdest du uns einen Gefallen tun, Anne?«

Was soll ich darauf antworten? Bin ich je in der Lage gewesen abzulehnen?

»Sei doch so nett und pass ein bisschen auf Thierry auf. Wir wollen nicht, dass ihm etwas passiert. Die Eltern haben ihn uns anvertraut …«

Thierry ist ungefähr zwölf und nicht frecher oder wilder als andere Kinder in dem Alter. Nur eben hinderlich. Ich wollte mich unbeschwert amüsieren, Spaß haben mit meiner Clique, frei sein. Und jetzt habe ich diesen Bengel am Hals und trage die Verantwortung für ihn. Innerlich kochte ich vor Wut, aber ich mache gute Miene zum bösen Spiel und sage:

»Macht euch keine Sorgen, ich pass schon auf ihn auf. Wir werden bestimmt viel Spaß zusammen haben, nicht wahr, Thierry?«

Er zuckt gleichgültig mit den Schultern. Die andern amüsieren sich, flirten auf Teufel komm raus, fahren Autoskooter, tun, was junge Leute in dem Alter eben tun. Ich schleppe den Kleinen mit mir herum und langweile mich zu Tode. Keine neue Erfahrung, aber es ist trotzdem hart.

Thierry redet so lange auf mich ein, bis ich einwillige, mit ihm zu irgendeiner dämlichen Spielbude am anderen Ende des Platzes zu gehen. Ich hätte nein sagen sollen. Aber mittlerweile ist es schließlich egal, mir ist der Abend sowieso schon verdorben. Ich habe mich, wie immer in solchen Situationen, in mein Schneckenhaus zurückgezogen.

Die Musik, das Gelächter, der Lärm der Karussells, die Lautsprecherstimmen, die zum Einsteigen auffordern, das alles dringt wie aus weiter Ferne an mein Ohr. Gedämpft von einem Schwall Tränen, den ich verzweifelt zu unterdrücken versuche, damit er nicht bis zu den Augen emporsteigt. Selbst hier, auf meinem geliebten Jahrmarkt, bin ich eine Gefangene meines Körpers. Die vertrauten Krämpfe im Bauch quälen mich von neuem.

Ich folge dem Kleinen.

Als wir eine gute halbe Stunde später zurückkommen, ist er wütend, weil er das wertlose Transistorradio, das es ihm angetan hatte, nicht gewonnen hat. Ich bemühe mich, ihn zu trösten. Ich bin viel zu gutmütig. Wer tröstet denn mich?

Wir halten nach den andern Ausschau. Wo mögen sie nur stecken? Sie sind weder bei den Autoskootern noch nebenan in der Geisterbahn, wo sie sich mit Vorliebe aufhalten – aus gutem Grund. Francine, Nicole und die Jungen, mit denen sie herumgezogen sind, sind wie vom Erdboden verschluckt.

Ich frage ein paar Leute nach ihnen. »Haben Sie zufällig zwei Mädchen gesehen, die eine blond, die andere dunkelhaarig? Die zwei, die … ja, genau … so ein großer Brünetter mit einer Lederjacke …«

Ein Mädchen, das sie kennt, kann mir schließlich sagen, sie seien gegangen. »Ich hab sie gesehen, als sie ins Auto stiegen und wegfuhren. Die machen bestimmt nur eine kleine Spritztour und sind bald wieder zurück.«

Ich bin alles andere als beruhigt. Und was wird jetzt aus mir? Ich weiß nicht einmal genau, wie das Dorf heißt, in dem das Wochenendhaus von Francines Eltern steht. Was mache ich jetzt ganz allein in einer fremden Stadt?

Ich gerate vollends in Panik, als ich plötzlich feststelle, dass Thierry nicht mehr da ist. Wie eine Irre hetzt ich über den Rummelplatz. Nichts. Ich spreche wahllos Leute an und beschreibe ihnen meinen kleinen Freund, nenne seinen Namen. Das geht eine halbe Stunde so, vielleicht auch eine Stunde, ich weiß es nicht mehr. Zu guter Letzt kann mir ein Paar Auskunft geben: Ja, sie kennen den kleinen Thierry. Er wohnt ganz in der Nähe. Wahrscheinlich hat er keine Lust mehr gehabt und ist nach Hause gegangen …

Das ist doch der Gipfel! Man hat mir ein Kind aufgehalst, das offensichtlich sehr gut allein zurechtkommt.

Das Ganze war ein abgekartetes Spiel. Sie wollten mich aus dem Weg haben, das ist alles. Um ihnen aus der Patsche zu helfen, sie zu trösten, zum Lachen zu bringen, bin ich gut genug, aber wenn alles nach ihren Wünschen läuft, bin ich überflüssig, lästig, und sie lassen mich einfach links liegen.

Ob sie auch nur eine Sekunde an mich gedacht haben, als sie zu ihrer Spazierfahrt aufbrachen? Bestimmt nicht. Die dicke Kokosnuss, wie sie mich wahrscheinlich nennen, wenn sie unter sich sind, hätte ihnen doch nur den Spaß verdorben. Auf den Gedanken, ich könnte mir Sorgen machen oder Angst bekommen, sind sie sicher nicht gekommen. »Unsinn, eine Dicke gerät doch nicht in Panik! Ob sie überhaupt so reagiert wie ein normaler Mensch?«

Ich bin noch nie in meinem Leben allein von zu Hause fort gewesen; ich habe keinen Pfennig in der Tasche und befinde mich in einer fremden Stadt unter fremden Leuten, die vielleicht sogar gefährlich sind.

Der Rummelplatz leert sich, die Stände schließen nach und nach. Bald lungern nur noch ein paar junge Männer herum, die mir nicht geheuer sind. Die Lichter gehen aus. Stille senkt sich über den Platz.

Angst überkommt mich. Mir ist von innen heraus kalt. Was soll ich nur machen? Die drei Typen in der dunklen Ecke dort beobachten mich, sie werden bestimmt gleich über mich herfallen und Gott weiß was mit mir anstellen.

Ich laufe einfach los. Geistesgegenwärtig in die Richtung, in der das Dorf mit dem Wochenendhaus liegen muss, auch wenn ich es mit meinen Beinen niemals bis dahin schaffen werde. Aber mich in den dunklen Straßen der Stadt zu verirren, ist auch nicht besser.

Es dauert nicht lange, bis ich völlig außer Atem bin. Da taucht vor mir eine beleuchtete Bushaltestelle auf. Keuchend lasse ich mich auf die kalte Bank unter dem Schutzdach fallen.

Ich weiß nicht, wie lange ich frierend und völlig verzweifelt dort gesessen habe, als sie endlich kommen, weit nach Mitternacht. In Hochform. Übersprudelnd vor guter Laune. Sie haben zweifelsohne einen tollen Abend verlebt.

Um ein Haar hätten sie mir noch Vorwürfe gemacht.

»Da bist du ja! Wir haben dich schon überall gesucht!«

Kein Wort davon, dass sie sich vielleicht um mich gesorgt haben.

Danke, ihr seid wirklich zu liebenswürdig, denke ich bei mir. Wahre Freunde! Kann ich mich irgendwie für eure Aufmerksamkeit erkenntlich zeigen?

Ich habe es nur gedacht, nicht laut gesagt. Als ich eingestiegen bin, brummt einer von den Jungs:

»Du nimmst vielleicht eine Menge Platz weg!«

Diese nette Bemerkung hat dem Ganzen die Krone aufgesetzt.

Ich habe auch diesmal nichts gesagt. Meine Angst, meine Einsamkeit, alles habe ich für mich behalten.

Sie hätten mich womöglich ausgelacht.

7. KAPITEL

Ich kann nicht einschlafen. Verloren rolle ich mich in dem unbequemen Gästebett zusammen. Leidend. Fiebernd. Zitternd. Verängstigt. Wie ein hässliches kleines Tier, das sich in einen feuchten Bau geflüchtet hat, weil es nichts Besseres fand.

Die Bettwäsche fühlt sich klamm an, feindselig.

Ich bin ganz allein in diesem unheimlichen Schuppen. Nach den Erlebnissen der letzten Nacht habe ich darauf verzichtet, die andern zu begleiten. Um mich von ihnen ein zweites Mal quälen oder abschieben zu lassen? Nein, danke.

Sie gingen in ein Nachbardorf zum Tanzen, haben sie gesagt.

Von mir aus können sie zum Teufel gehen!

Ich habe eine Erkältung vorgeschützt, die ich mir zugezogen hätte, als ich stundenlang an dieser Bushaltestelle gewartet habe, wo es wie verrückt gezogen hat.

Das ist nur zum Teil geschwindelt. Ich habe mich wirklich den ganzen Tag über matt und unwohl gefühlt. Beginnende Grippe und Kummer, Einsamkeit, Enttäuschung des Herzens.

Nein, ich fühle mich überhaupt nicht wohl. Nicht in meinem Kopf, nicht in meiner Haut, nicht in meinem Fett. Und dieses Zimmer, dieses ganze Haus macht alles nur noch schlimmer. Hier ist alles fremd, ich vermisse die vertrauten Gegenstände, Nischen und Ecken von daheim, ich vermisse meine Familie.

Ich hasse diesen Raum, ich kann diesen Geruch nach Schimmel, Salpeter und alten Lumpen nicht ausstehen.

Es ist Juni, aber frisch wie im Spätherbst. Die Luft ist gesättigt mit der feuchten, alles durchdringenden Kälte alter, ungastlicher Häuser, die seit ewigen Zeiten nicht mehr gelüftet wurden. Man hat das Gefühl, als sei gerade jemand darin gestorben.

Fröstelnd, dem Weinen nahe, liege ich in der Dunkelheit, während sich vor meinem geistigen Auge immer und immer wieder, mit quälender, zwanghafter Beharrlichkeit, die gleichen demütigenden Szenen abspielen: der Stuhl mit meinen einhundertsechzig Pfund gekränkter Eigenliebe darauf, der mühsam zu dem Fenster im Erdgeschoss hinaufgehievt wird; die dummen Witze und das messerscharfe Gelächter; der Rummelplatz; die Bushaltestelle; der Hinweis, ich würde eine Menge Platz wegnehmen in dem dämlichen Mini-Cooper …

Nicole, Francine, ihr alle! Ich würde Gott weiß was dafür geben, so zu sein wie ihr. Einen Körper zu haben, den man nicht nur anschaut, um ihn zu bemitleiden, zu verspotten oder anzuprangern. Nicole, Francine, ich rufe euch, meine Freundinnen! Hört ihr nicht den stummen Schrei meiner Einsamkeit? Ich lebe! Mein Äußeres ist unansehnlich, aber darunter verbirgt sich ein Herz, das schlägt!

Nur nicht weinen. Weinen ist sinnlos. Ich muss hart werden. Stark sein. Einsam, aber unerschütterlich. Ich denke ganz fest an das kleine Licht in der Dunkelheit.

In der Dunkelheit …

Ein Geräusch!

Da! Da ist es wieder. Das war nicht das knarrende Holz eines alten Möbelstücks oder einer Diele. Da versucht jemand, ins Haus einzudringen.

Vor Entsetzen wie gelähmt lausche ich angestrengt. Wer könnte das sein um diese Zeit? Francines Eltern hatten sich nicht angesagt. Ein Nachbar? Aber so spät noch? Außerdem würde er klingeln. Und die Clique würde nicht vor morgen früh zurückkommen. Francines Bruder war vor zwei, drei Stunden noch einmal da gewesen, um seine Streichhölzer zu holen, und da sagte er, sie würden bleiben, bis die Tanzbar schließe.

Also irgendein Herumtreiber. Er denkt wohl, das Haus steht leer und will einbrechen. Ja, es kann nur ein Einbrecher sein.

Wieder dieses knirschende Geräusch. Es kommt von nebenan, aus der Küche. Jemand will die Klappläden aufbrechen.

»Eh, du da drin! Da ist jemand für dich!«

Ich atme erleichtert auf. Die Stimme kenne ich zwar nicht, aber ein Dieb oder Einbrecher würde seinen Besuch wohl kaum auf diese Weise ankündigen. Ich stehe auf und mache Licht.

Ich hätte mich stattdessen besser ruhig verhalten. Mich tot gestellt. Kaum habe ich das Küchenfenster geöffnet, um nachzusehen, wer draußen ist, als mir Gelächter, Gegröle, Gegrunze, Geschrei entgegenschlägt.

»Mach auf, Dickerchen!«, ruft eine Stimme dazwischen. Die Stimme eines Betrunkenen.

»Ja, mach endlich auf!«, fordern einige andere ebenfalls.

»Du brauchst keine Angst zu haben. Wir tun dir nichts.«

»Jedenfalls nichts Schlimmes«, ergänzt ein anderer unter dem ordinären Gelächter seiner Kameraden. »Es wird dir gefallen, du wirst sehen!«

Panik erfasst mich. Ich kann mir schon denken, wem ich das zu verdanken habe: Francines Bruder. Für ihn bin ich der ideale Prügelknabe, der Blitzableiter schlechthin. Er lässt keine Gelegenheit aus, seine Aggressionen an mir abzureagieren und mich lächerlich zu machen, wo er nur kann. Vermutlich ist ihm die Idee zu diesem »Scherz« gekommen, als er vor ein paar Stunden hier war, um seine Streichhölzer zu holen. Er wird in der Dorfkneipe vorbeigegangen sein und den Typen, die sich dort ihren Samstagabendrausch holen, erzählt haben, ich sei allein im Haus. Und als das Lokal schloss, haben die sich gesagt, es wäre doch ein Mordsspaß, der »fetten Nudel aus Paris« einen Schrecken einzujagen.

Ich zittere wie Espenlaub. Das sind mindestens zehn Männer da draußen. Stockbesoffen. Zu allem fähig. Ich will gar nicht daran denken, was denen durch die Köpfe gehen mag. Bestimmt sind sie gekommen, um mich zu vergewaltigen, schießt es mir in wachsendem Entsetzen durch den Sinn. So was liest man schließlich alle Tage in der Zeitung.

Um Hilfe rufen? Zwecklos: Die nächsten Häuser sind zu weit entfernt, kein Mensch würde mich hören. Versuchen zu fliehen? Nein, lieber nicht, ich würde ihnen direkt in die Arme laufen.

Etwas Funkelndes schiebt sich durch einen Schlitz des Fensterladens. Eine Messerklinge, wie ich erschrocken feststelle. Dann noch eine. Und noch eine. Sie wollen mir Angst einjagen, mich in Panik versetzen.

»Wir werden ihr die großen Titten kitzeln mit unseren Messern!«

»Das Fett lässt sich bestimmt leicht schneiden!«

Ich fahre herum, lasse den Blick gehetzt durch die Küche wandern, auf der Suche nach einer Waffe. Vielleicht finde ich im Küchenschrank etwas, womit ich mich zur Wehr setzen könnte. Ich reiße die oberste Schublade heraus, und sie poltert mitsamt dem Inhalt auf den Fußboden. Elektrokabel, Verlängerungsschnüre, Schachteln und Dosen und … ein Hammer! Genau das, was ich suche.

Meine Angst ist in Wut umgeschlagen. Hass steigt in mir auf, wilder, unbändiger Hass. »Ich bringe euch um!«, stoße ich zwischen den Zähnen hervor. Ich habe die Kiefer so fest aufeinander gepresst, dass es wehtut. Mein Kopf gleicht einer Trommel, die zur Hinrichtung ruft. Meine Fingerknöchel sind ganz weiß, so krampfhaft halte ich das Werkzeug meiner Rache umklammert.

»Kommt doch und holt mich, ihr besoffenen Schweine!«, brülle ich aus voller Lunge.

Und dann schlage ich zu, immer und immer wieder, beseelt von blindwütigem Hass, von grenzenlosem Zorn. Ich nehme nichts mehr wahr, ich höre weder die Bemerkungen der Betrunkenen noch den metallischen Klang, wenn der Hammer auf eine Messerklinge trifft, auch nicht das Splittern der hölzernen Fensterläden. Unablässig saust der Hammer mit voller Wucht herab.

Meine ganze Enttäuschung, all die angestaute Wut entladen sich in einem Ausbruch von ungeheurer Heftigkeit.

Ein paar Klingen stecken völlig verbogen in den Schlitzen, andere werden eilig zurückgezogen. Auf der anderen Seite ertönten Ausrufe des Erstaunens und Schmerzenslaute. Aber die Überraschung währt nur kurz, dann setzt das Gelächter wieder ein, und von neuem fallen anzügliche Bemerkungen.

Sie amüsieren sich über meine Reaktion. In ihrem Zustand kümmert es sie gar nicht, ob ihre Messer noch zu gebrauchen sind oder nicht. Dass es ihnen gelungen ist, mir einen solchen Schrecken einzujagen, ist ihnen viel wichtiger.

»Seht euch das an, sie wehrt sich, die fette Kuh!«

Und dann legt sich die Heiterkeit plötzlich; sie haben die Lust verloren. Es wird stiller draußen. Einer schlägt vor, noch woandershin zu gehen. Ihre Schritte entfernen sich, und ich bleibe allein zurück, ausgebrannt, leer, und starre mit ekelhaft trockenen Augen auf den beschädigten Klappladen und die verbogenen oder abgebrochenen Klingen, ohne sie wirklich zu sehen. Ich höre, wie sie auf der Straße vor dem Garten ihre Mopeds anlassen und davonfahren. Sie sind fort.

Ich fühle nichts, nicht einmal Erleichterung. Mein Adrenalinspiegel sinkt allmählich wieder. Ich bin gerettet und komme mir doch verloren vor.

Eine Minute, vielleicht auch eine Stunde stehe ich da wie angewurzelt, mit hängenden Armen, in der Hand noch immer den Hammer, den ich jetzt nicht mehr brauche.

Die andern haben sich halb totgelacht, als ich ihnen von meinem schrecklichen Erlebnis erzählte. Francine war sauer wegen des Fensterladens. Der Ärger, den sie deswegen mit ihren Eltern bekommen würde, beschäftigte sie mehr als die Ängste, die ich ausgestanden hatte. Alle versicherten mir lachend, die Typen mit den Springmessern hätten nicht im Traum daran gedacht, mich zu vergewaltigen; sie wollten nur ein bisschen Spaß haben, weil es auf dem Land nicht viele Möglichkeiten gibt, sich zu amüsieren.

Und da haben sie sich eben auf meine Kosten amüsiert.

Auf Kosten der Dicken.

Die Sache mit der toten Krähe am andern Tag war vermutlich auch so ein ortstypischer Scherz. Wie sie dahin gekommen war, weiß ich nicht. Vielleicht hatte ein Jäger sie geschossen. Sie war voller Blut. Ein Cousin von Francine hob sie auf, um sie mir durch das geöffnete Wagenfenster in den Schoß zu werfen. Mir, wohlgemerkt, nicht etwa Nicole oder Francine.

Normalerweise hätte die Clique Tränen gelacht über einen derart geschmackvollen Scherz. Aber da die Autopolster möglicherweise Blutflecken abbekommen hätten, schritt der Fahrzeugeigentümer ein und verhinderte die Aktion.

Wir fuhren zurück nach Paris. Keine Sekunde zu früh! Mein Bedarf an ärgerlichen Zwischenfällen war gedeckt.

Alle waren begeistert von dem tollen Wochenende. Mich hat ja niemand gefragt. Bis auf meine Eltern, und denen habe ich auf die Frage, wie es denn gewesen sei, mit einem strahlenden Lächeln geantwortet: »Super!«

Sie hätten es nicht verstanden.

Das Leben mit allem, was dazugehört – meine Eltern, Savigny, das Gymnasium, der Alltag, die blauen Flecken auf der Seele –, ging weiter. Mein Leben. Ein Hundeleben. Im wahrsten Sinn des Wortes: Ich komme mir wirklich wie ein Hund vor.

Man nimmt mich widerwillig auf, weil ich Beschützerinstinkte wecke und man gar nicht anders kann. Man streichelt mich, wenn man einsam, unglücklich oder deprimiert ist. Wenn man nur noch mich hat, die dicke Anne.

Dann bekomme ich einen feinen Knochen, für mein Wohlbefinden, damit meine Zähne etwas zu beißen haben und ich in Form bleibe, um meinem Wohltäter die Füße lecken zu können, falls es eines Tages nötig sein sollte.

Geht es ihm jedoch gut, wendet sich das Blatt. Im günstigsten Fall werde ich ignoriert, in eine Ecke gestellt, wo ich ihm nicht im Weg bin und ihm die Freude nicht verderben kann. Mag ich ihm auch noch so eifrig die Füße lecken, ihm meine Zuneigung bekunden, ihn innerlich anflehen, mir doch wenigstens einen Blick zu schenken, er beachtet mich nicht, der Undankbare.

Es sei denn, um sein Spiel mit mir zu treiben, mich zum Narren zu halten. Ich bin Blitzableiter, Prügelknabe, Sündenbock zugleich. Eine Dicke leidet nicht, liebt nicht, weint nicht. Bei der braucht man keine Rücksicht zu nehmen, die ist ja gut gepolstert, so viel Fett dämpft selbst die härtesten Schläge!

Ich hätte euch, Nicole, Francine, allen meinen so genannten Freunden, gern gesagt, dass eure Vorurteile, eure Engstirnigkeit mich fast umbrachten. Ich hätte euch gern gesagt, wie das ist, wenn jeder neue Tag nur Probleme und Unannehmlichkeiten für einen bereithält. Ich hätte euch gern gesagt …

Aber ich habe geschwiegen.

Ich war zu verletzlich. Und außerdem hättet ihr mir gar nicht zugehört, hättet mich gar nicht verstanden, wenn ich versucht hätte, es euch zu erklären. Also habe ich meinen Kummer und meine Frustration für mich behalten und mich in schmerzhaftes Schweigen gehüllt, das zu brechen mir selbst heute, nachdem ich zahlreiche Hindernisse und Rückschläge überwunden habe, noch immer schwer fällt.

Und euer Mitleid, Nicole, Francine, habe ich erst recht nicht gewollt. Hättet ihr euch erbarmt und mir gnädigerweise ein, zwei Stunden eurer kostbaren Zeit gewidmet, wäre das für mich schlimmer gewesen, als von euch gedemütigt und schikaniert zu werden. Mitgefühl, Erbarmen ist eine verlogene, grausame Tugend, die den Ungeliebten in seiner Einsamkeit und den Verzweifelten in seiner Verzweiflung isoliert. Euer Mitleid hätte mich vollends umgebracht.

Ich halte es für aufrichtiger, einen Stein nach dem Hund zu werfen, als ihm beim Streicheln ganz allmählich das Halsband zusammenzuziehen und ihm dadurch die Luft abzuschnüren.

Der Hund mit Namen Anne hat sich in seinem Kummer vergraben, bemüht, das kleine Licht in seinem Innern nicht ausgehen zu lassen, und beseelt von der grimmigen Zuversicht, eines Tages, irgendwann, Zähne zu haben, die kräftig genug sein würden, sie ins Leben zu schlagen.

Für den Augenblick sind meine Träume Ersatz für mein Leben.

Ich will eine berühmte Sängerin werden, wenn ich groß bin. Diesen Wunsch hege ich schon lange, nicht erst seit meinen dilettantischen, grauenhaften Übungen auf dem Klavier in der Garage der großen Villa, in der Franck wohnte.

Ich war noch ein kleines Mädchen, als mich ein Musikstück zum ersten Mal bis ins Innerste aufwühlte. Es war an einem Herbstabend, einem jener windigen, regnerischen, tristen Abende, die den Winter ankündigen. Ich kam aus der

Schule. Die Tage schrumpften wie Chagrinleder. Draußen war es bereits dunkel geworden. Mama hatte das Radio eingeschaltet, ich hörte es schon im Treppenhaus. Und dann sang Jacques Brel jenes wunderbare Chanson, das bis heute für mich zu den schönsten überhaupt zählt:

»Ne me quitte pas« … Verlass mich nicht …

Eins der zärtlichsten, besten Liebesgedichte, vielleicht das Beste, das je geschrieben wurde. Gedämpft durch die Wand, wie aus weiter Ferne und doch ganz deutlich hörte ich die Melodie, den Text und diese Stimme, in der alle Großzügigkeit und aller Jammer dieser Welt mitschwangen. Es war wie eine Offenbarung im Traum.

»Moi, je t'offrirai des perles de pluie …« Regenperlen will ich dir schenken …

Mein Blick fiel auf die Tränen des Herbstes, die vom rostroten Laub des wilden Weins rannen, der sich an der Mauer im Hof emporrankte. Ich blieb vor unserer Tür stehen und wagte nicht hineinzugehen, aus Angst, die unvergleichlichen Empfindungen, die Brels Chanson in mir hervorrief, zu zerstören.

Es war wie eine unterschwellige Traurigkeit, eine nicht näher zu bestimmende Schwermut, wie sie einen überkommt beim Anblick eines Schauspiels von ergreifender Schönheit, das nie mehr wiederkehren wird. Ein sommerlicher Sonnenuntergang am Meer weckt heute genau die gleichen Empfindungen in mir.

Das Kind, das ich damals war, der kleine Wildfang vom Lande, war natürlich nicht in der Lage, dieses aufwühlende, angenehme Gefühl zu analysieren und in Worte zu fassen. Ich fühlte es einfach, mit jeder Faser meines Körpers. Die Worte, die Melodie, vor allem aber die Stimme – ernst, markig, pathetisch – berührten etwas tief in meinem Innern, ja rissen mich mit sich fort, und ich trieb auf den magischen Klängen und den Liebesschwüren dahin. Mir kommen heute noch Tränen der Rührung, wenn ich dieses Chanson höre.

Als ich sechzehn war, unterschied sich mein musikalischer Geschmack in nichts von dem anderer Jugendlicher. Es war die Zeit der Beatmusik, und ich schwärmte für Johnny Halliday, Claude François, Sylvie Vartan.

Ich höre mir ihre Lieder so oft an, bis ich sie auswendig nachsingen kann. Die von Adamo mag ich besonders, weil sie sich am besten für meine Stimme eignen. Manchmal, auf einer Party, singe ich meinen Freunden etwas vor. Alle sind sich einig, dass ich eine gute Stimme habe. Sie hören mir zu, aufmerksam, bewundernd, und achten nicht mehr auf mein Äußeres. Diese Minuten entschädigen mich für vieles.

Nach langem Hin und Her hat sich Mama beschwatzen lassen, mir eine Gitarre zu kaufen. Damit nimmt das Unheil seinen Lauf. Da ich nicht spielen kann, zupfe ich wahllos auf den Saiten herum und bringe meine Mutter zur Weißglut mit meiner Katzenmusik.

Der einzige Ort, an dem ich ungestört bin, ist die Toilette. Also flüchte ich mich dort hinein. Ich singe aus voller Kehle und begleite mich in der gleichen Lautstärke auf der Gitarre. Zugegeben, meine Interpretation von *Tombe la neige* ist höchst eigenwillig und alles andere als ein Ohrenschmaus. Meine arme Mutter ist mit ihrer Geduld am Ende. Sie klopft an die Tür, die ich wohlweislich abgeschlossen habe, und befiehlt mir, sofort mit dem Krach aufzuhören. Ich bin so in meine Darbietung vertieft, dass ich nichts um mich herum wahrnehme. Sie klopft noch einmal, hämmert mit beiden Fäusten gegen die Tür. Dann fällt ihr der Nachschlüssel im Werkzeugkasten ein, den sie für den Notfall anfertigen ließen. Und in ihren Augen ist das ein Notfall.

Blass vor Wut reißt sie die Toilettentür auf, packt die Gitarre und schlägt sie mit voller Wucht gegen die Wand, so lange, bis der Schallkörper zerschmettert und der Hals abgebrochen ist. Sie habe jetzt endgültig genug von diesem fürchterlichen Radau, brüllt sie. Ich schreie zurück. Hysterie auf beiden Seiten.

Wir reden tagelang kein Wort miteinander. Unser Verhältnis verschlechtert sich. Ich provoziere sie, indem ich ein paar Freunde und Freundinnen einlade und den Plattenspieler auf volle Lautstärke stelle. Das verfehlt seine Wirkung nie. Laut schimpfend kommt sie angestürmt. Kein Mensch kümmert sich darum. Sie will die Tür öffnen, aber ich stemme mich dagegen. Mit ihren fünfzig Kilogramm hat meine arme Mama nicht den Hauch einer Chance gegen mich. Es sei denn, es gelingt ihr, mich zu überrumpeln. Ich diskutiere nicht mit ihr und sie nicht mit mir. Stattdessen Geschrei, Geschimpfe, kränkende Worte, Ohrfeigen. Sie wirft meine Freunde hinaus, und ich schließe mich in meinem Zimmer ein. Auf die Beschimpfungen folgen Tränen und Nervenzusammenbrüche. Ich schäme mich und bin unglücklich, weil wir uns nicht mehr verstehen.

Ich bin älter geworden. Jeden Tag wird mir aufs Neue bewusst, dass ich den Rest meines Lebens mit meiner Behinderung werde leben müssen. Als Folge davon bin ich unausgeglichen, boshaft, provozierend, leichtsinnig. Selbst meine Mutter verbündet sich mit anderen gegen mich.

Inzwischen hat das Leben die Rollen vertauscht. Heute bin ich Mutter, und mein Sohn ist im gleichen Alter wie ich damals. Wir fechten die gleichen Konflikte aus. Die Geschichte wiederholt sich. Ich bedauere meine chaotische Teenagerzeit nicht. Sie hilft mir, meinen Sohn besser zu verstehen. Manchmal erinnert mich unser Verhältnis sehr an das, das ich zu meiner Mutter hatte, und das beruhigt mich irgendwie.

Überall war der Wurm drin: zu Hause, im Freundeskreis, auf dem Gymnasium. Ich langweilte mich im Unterricht, arbeitete nicht mit, machte keine Hausaufgaben. Ich spielte lieber den Klassenclown, als mich auf den Lehrstoff zu konzentrieren. Und so kam es, wie es kommen musste: Meine Eltern nahmen mich von der Schule.

Sie meldeten mich für einen Lehrgang an einem Privatinstitut an, den ich mit einem Diplom als Sekretärin und Buchhalterin abschließen konnte. Papa machte mir klar, dass es Zeit wurde, mit dem Herumalbern aufzuhören: Die Schule kostete viel Geld, und meine Eltern würden sich einschränken müssen, um mir meine Ausbildung zu ermöglichen. Folglich würde ich arbeiten, etwas leisten müssen.

Das fiel mir umso leichter, als mir die Umgebung in Choisy-le-Roi sehr viel mehr behagte als die in meiner ehemaligen Schule. Ich freundete mich mit zwei Gleichaltrigen an, Michèle und Marie-France, die mich so nahmen, wie ich war. Zum ersten Mal seit langer Zeit brauchte ich mir Freundschaft nicht zu erkaufen. Ich war pummelig, komplexbeladen, ein bisschen burschikos und ziemlich unberechenbar. Und so akzeptierten sie mich.

Es war eine friedliche, heitere Zeit. Die Zeit der Pilgerungen nach Katmandu und der Träume von der weltumspannenden Liebe. Wir waren beseelt vom Eifer, diese beschissene Welt nach unseren Träumen und Vorstellungen neu zu gestalten. Illusionen, Utopien, Wunschbilder? Mag sein, aber es ist ein wunderbares Gefühl, die ganze Welt zu lieben.

Und ich glaube, genau dazu und zu nichts anderem ist die Jugendzeit da. Viele werden diese Träume für Zeitverschwendung halten, für eine Flucht vor der Realität. Ich dagegen bin der Ansicht, sie sind die Quelle für die Kraft, die wir in unserem späteren Leben benötigen, die uns zu besseren Menschen machen wird.

Ich strenge mich mächtig an. In zwei Jahren will ich meine Abschlussprüfung ablegen. Das bin ich meinen Eltern, die so viele Opfer für mich gebracht haben, schuldig.

Und ist es auch nicht immer leicht, so gibt es doch manches, was mich über die Plackerei hinwegtröstet.

Zum Beispiel der erste Junge, der sich in mich verliebt.

8. KAPITEL

Er heißt Jean-Pierre.

Er ist groß, dunkelhaarig und hat wunderschöne, tiefschwarze Augen, die jedes Mädchen meines Alters in Entzücken versetzen würden. Und er ist so herrlich schlank. Wenn er aufsteht und sich in voller Größe aufrichtet, hat er etwas Geschmeidiges, Katzenhaftes, das mich fasziniert.

Er ist mein dunkler Gott. Überaus zärtlich und ein wenig geheimnisvoll. In seinen Armen fühle ich mich endlich geborgen.

Ich bin nicht mehr das fünfte Rad am Wagen, der Ballast, der abgeworfen wird, wenn man ihn nicht mehr braucht. Ich habe einen Freund. Ganz für mich allein. Einer, der mich liebt. Um meinetwillen. Einer, der an mich denkt, der von mir träumt.

Jean-Pierre ist schon achtzehn – ein Mann also und keiner von den Jungs, die man zufällig am Eingang zum Schulgebäude trifft und sich mit ihnen verabredet. Darauf bin ich besonders stolz.

Nach dem Unterricht, wenn die Eltern es erlauben, verjubeln wir das bisschen Geld, das wir in der Tasche haben, auf der Skooterbahn. Vom Rummelplatz kommt sie wohl gar nicht los, werden Sie sagen. Und das stimmt auch. Damals – und heute ist es nicht viel anders – waren die Möglichkeiten zur Freizeitgestaltung in den Vororten eben sehr begrenzt.

Bis ich Jean-Pierre traf, hatte ich nicht oft das Glück, von einem Jungen eingeladen zu werden. Noch ein Nachteil für uns Dicke! Für meine Freundinnen ist es ein Kinderspiel, irgendeinen Angeber aufzugabeln, der sich als Sponsor betätigen will und ihnen ein Eis oder eine Fahrt im Autoskooter spendiert. Ich muss sehen, wie ich mit meinem knapp bemessenen Taschengeld auskomme. Es sei denn, ich diene einem raffinierten kleinen Biest, das von den Eltern kurz gehalten wird, als Vorwand oder Anstandswauwau – dann fällt auch für mich etwas ab …

An jenem Tag lehne ich mit meiner neuen Freundin Denise an einem Pfeiler am Rand der Skooterbahn. Wir warten auf einen freien Wagen. Jean-Pierre, der seinen Skooter geschickt über die Bahn steuert, kenne ich flüchtig. Wir haben gelegentlich ein paar Worte gewechselt, mehr nicht. Er scheint sich weitaus mehr für meine zierliche Freundin zu interessieren als für mich, das Pummelchen.

Die Fahrt geht zu Ende. Jean-Pierre bringt seinen Skooter vor uns zum Stehen.

»Fährst du eine Runde mit?«

Ich reagiere nicht. Für mich ist klar, dass er meine Freundin meint. Ich bin nichts anderes gewöhnt.

»Na, was ist, Anne? Kommst du?«

Ich traue meinen Ohren nicht. Ein Wunder! Ein Wunder ist geschehen! Er meint tatsächlich mich! Ich kann es gar nicht fassen. So ein hübscher Bursche, und mich lädt er ein!

Mir schlägt das Herz vor Aufregung bis zum Hals. Aber ich lasse mir natürlich nichts anmerken. Im Gegenteil: Ich ziere mich ein bisschen, spiele die Gelangweilte, wie ich es so oft bei Nicole oder Francine gesehen habe. »Weiß nicht«, murmele ich achselzuckend, »mal sehen.« Ich schaue über ihn hinweg, zu den Strahlern in der Kuppel hinauf, zu den anderen Jungen, die ich nicht kenne und die mir nicht die geringste Aufmerksamkeit schenken.

»Also was ist nun? Steigst du ein oder nicht?«

Er sagt es energisch, aber nicht gereizt oder ungeduldig. Er hat es nur eilig, weil gleich die nächste Fahrt beginnt und er die Zeit voll ausnutzen möchte.

»Okay«, sage ich.

So sehr ich mich auch bemühe, die Gleichgültige zu mimen, mein Lächeln hat mich verraten. Er erwidert es, als ich mich neben ihn setze.

Es gibt keinen besseren Ort, jemanden kennen zu lernen, als die Skooterbahn. Man sitzt dicht nebeneinander – bestimmt ist das der Grund, weshalb die Fahrzeuge so schmal gebaut sind! –, beim Aufprall auf andere Skooter wird man gegen seinen Partner geworfen, Schultern und Schenkel berühren sich zwangsläufig. Und die Stöße kann man am besten abmildern, indem man den Arm um seinen Sitznachbarn legt …

Während Jean-Pierre und ich eine Runde nach der anderen drehen, kommen wir uns näher. Teils gewollt, teils ungewollt. Von Verlegenheit keine Spur mehr. Lachend lenken wir den Skooter absichtlich gegen die Wagen, in denen ebenfalls Pärchen sitzen, die sich die erzwungene Annäherung nicht weniger wünschen als wir.

»Darf ich dich zu einem Eis einladen?«, fragt er, als wir aussteigen.

Natürlich habe ich ja gesagt. Ich bin selig. Jean-Pierre scheint wirklich etwas für mich übrig zu haben. Ich kann es noch immer nicht glauben. Endlich ein Junge, dem ich gefalle, der gern mit mir zusammen ist.

Als wir aus der Eisdiele kommen, schlägt er vor, mich nach Hause zu bringen. Es sei doch schon dunkel, und man könne ja nie wissen. Es ist nicht das erste Mal, dass ich um diese Zeit nach Hause gehe, und es hat mir auch nie etwas ausgemacht. Ich glaube mich wehren zu können, falls mich jemand überfallen sollte. Aber ich habe natürlich nicht abgelehnt, im Gegenteil: Ich habe das schwache, schutzbedürftige Mädchen gespielt. Mit sehr viel Talent. Arm in Arm schlendern wir durch die Straßen. Ich lege meinen Kopf an seine Schulter. Nur ganz leicht, zaghaft, weil wir uns noch in einem Stadium zwischen Freundschaft und Liebe befinden und ich ihn nicht drängen möchte.

Ein Stück von unserem Block entfernt bin ich stehen geblieben. Es sei besser, wenn wir uns hier trennten, habe ich zu ihm gesagt, weil meine Mutter sehr streng sei und uns auf keinen Fall sehen dürfe. Er hat mich leicht auf den Mund geküsst. Ich hätte ihn gern gefragt, wann wir uns wieder sehen, brachte es aber nicht über mich. Ich hoffte, er würde die Initiative ergreifen. Doch er schwieg. Da habe ich gesagt:

»Es ist noch früh. Ich werde dich noch ein Stück begleiten. Wo wohnst du denn?«

»In der neuen Siedlung Richtung Juvisy …«

Arm in Arm haben wir uns wieder auf den Weg gemacht. Am Ziel angelangt, küsst er mich ein zweites Mal, länger, inniger. Wie Verliebte sich eben küssen. Unsere Zungen berühren sich. Ich bin zwar unerfahren, aber nicht schüchtern. Ich lege all die Liebe, die sich in mir angesammelt hat, in diesen Kuss. Was für ein wunderbares Gefühl!

Eine Sekunde lang habe ich Bedenken: Mache ich mich nicht lächerlich? Wird er nicht schlecht von mir denken, wenn ich mich ihm so vorbehaltlos hingebe? Aber mein Verlangen ist stärker als alle Zweifel. Eine Woge der Sehnsucht durchflutet mich. Ich will endlich jemandem gehören. Ich will diesem gut aussehenden Jungen, der mich auserwählt hat, alles geben, was ich habe. Wie sehr habe ich diesen Augenblick herbeigesehnt.

Der Abschied zieht sich hin. Zu guter Letzt beschließt Jean-Pierre, mich nach Hause zurückzubegleiten. Wegen der unsicheren Straßen. Also kehren wir um. Als wir zum zweiten Mal vor meinem Haus stehen, kann ich mich nicht entschließen hinaufzugehen – und schlendere abermals mit ihm in Richtung Juvisy davon. So geht das hin und her, bis es schließlich ziemlich spät ist und es uns endlich gelingt, unter unzähligen Küssen und zärtlichen Worten Abschied voneinander zu nehmen.

»Was fällt dir ein, um diese Zeit heimzukommen?«

Ich habe kaum die Tür aufgeschlossen, als sich meine Mutter auf mich stürzt und mich mit Vorwürfen überschüttet. Sogar mein sonst so schweigsamer Vater wettert ganz fürchterlich. Um ein Haar hätte ich eine Ohrfeige bekommen. Ich flüchte mich in mein Zimmer und denke, lass sie brüllen. Sollen sie schimpfen, mich ohrfeigen, was kümmert's mich! Ich bin verliebt und werde wiedergeliebt! Zum allerersten Mal. Ich dachte schon, mir würde das nie passieren, und jetzt ist es doch passiert. Ich habe einen Jungen geküsst, einen gut aussehenden Jungen. Der älter ist als ich. Vorbei die Zeiten des Pummels, der immer das fünfte Rad am Wagen war. Ich bin verliebt und werde geliebt!

Mein Blick fällt in den kleinen Spiegel auf der Kommode. Als ich heute Morgen aus dem Haus ging, habe ich mein Gesicht gehasst. Es war aufgedunsen, abstoßend, traurig. Jetzt gefällt es mir plötzlich. Hat die Liebe diese Wandlung bewirkt? Die leidenschaftlichen Küsse, die ich mit Jean-Pierre getauscht habe? Zum ersten Mal finde ich mich hübsch. Meine Augen leuchten. Mein Mund ist verführerisch. Meine Wangen schimmern rosig. Und diese süßen Grübchen … Mein Haar … Ich ordne es mit beiden Händen und blicke skeptisch. Nein, mein Haar gefällt mir überhaupt nicht.

Kerzengerade hängt es herab bis zu den Schultern, eine langweilige, brave Kleinmädchenfrisur, die alles verdirbt. Ich schlachte kurzerhand mein Sparschwein und beschließe, morgen, an meinem unterrichtsfreien Tag, zum Friseur zu gehen.

Ich lande in einem Laden, den meine Mutter mir genannt hat. Zu dem alten Friseur kommen vor allem die Hausfrauen der umliegenden Blöcke. Von jungen, modischen, frechen Frisuren versteht er nicht das Geringste. Obwohl er sich die größte Mühe gibt, ist die Katastrophe vorprogrammiert.

»Ich hätte gern einen Kurzhaarschnitt«, hatte ich zu ihm gesagt. Er hat mir eine Frisur à la Jungfrau von Orleans verpasst. Mit meinem glatten, anliegenden Haar sehe ich jetzt aus wie eine jener grobgeschnitzten afrikanischen Puppen, die die bösen Geister verkörpern sollen. Mein rundes Gesicht füllt den ganzen Spiegel aus.

Wie haben die Kinder mich in meiner Sträflingszeit genannt? Große Kokosnuss. Jetzt trage ich ihn zu Recht, diesen verdammten Spitznamen. Genauso sehe ich aus. Und an der Ecke wartet Jean-Pierre auf mich, überzeugt, eine verführerische, schicke Anne käme aus dem Friseurladen.

Ich schäume innerlich vor Wut und bin völlig verzweifelt. Ich habe alles verdorben! Was soll ich bloß machen? Er darf auf keinen Fall sehen, wie hässlich ich bin. Hoffentlich ist er nicht gekommen.

Ich stürze aus dem Geschäft. Jean-Pierre steht an der vereinbarten Stelle. Das Kinn tief auf der Brust, den Kopf zwischen die Schultern gezogen, will ich an ihm vorbeistürmen, in der Hoffnung, er würde mich nicht erkennen. So ein Blödsinn! Ich trage zu allem Überfluss auch noch das gleiche Kleid wie gestern. Außer uns beiden ist niemand auf dem Gehsteig. Wie eine Rakete schieße ich auf ihn zu, remple ihn versehentlich an und bin in der nächsten Sekunde schon ein paar Meter weiter.

»Anne!«, ruft er mir verdutzt nach. »Was hast du denn? Anne! So warte doch!«

Er begreift überhaupt nichts mehr. Und wenn schon. Wäre ich stehen geblieben und er hätte dieses grauenhafte Vollmondgesicht gesehen, hätte er mit Sicherheit laut losgelacht. Ich kann mir schon denken, was dann gekommen wäre: »Du siehst aus wie ein Ball mit einem Mopp obendrauf« oder etwas in der Art. Das hätte ich nicht ertragen.

Ich renne wie eine Verrückte. Hoffentlich sieht mich niemand! Ich stoße die Tür zu unserem Haus auf, jage mit großen Sätzen die Treppen in den dritten Stock hinauf und habe nur noch einen Gedanken: so schnell wie möglich in mein Zimmer zu kommen. Ich flitze wie ein geölter Blitz durchs Wohnzimmer, und Mama, die über ihrem Nähzeug sitzt, starrt mir mit offenem Mund nach.

Geschafft! Ich knalle die Tür hinter mir zu und werfe mich weinend aufs Bett. Das ist einfach nicht fair! Da habe ich endlich einen Jungen gefunden, der mich mag, wie ich bin, und jetzt mache ich alles kaputt, weil ich nicht in der Lage war, einen gescheiten Friseur zu finden, einen, der diesen Namen verdient, und nicht so einen Pfuscher, der mich in eine Vogelscheuche verwandelt. Ich wünschte, die Erde würde sich auftun und mich verschlingen. Ich wünschte, ich wäre tot. Dann wäre ich nicht länger wegen meiner Hässlichkeit zur Einsamkeit verurteilt und würde von einer Katastrophe in die nächste stolpern.

Ich brauche zwei Tage, mich von dem Schock zu erholen. Die Bekannte einer Freundin erklärt sich bereit, zu mir zu kommen, um zu retten, was noch zu retten ist. Sie vollbringt wahre Wunder und macht mir einen kleidsamen, absolut modischen Haarschnitt. Da wird Jean-Pierre aber staunen!

Doch der hat sich, verärgert über mein Benehmen neulich, aus Rache eine andere angelacht, eine gewisse Joëlle, die ich vorher schon nicht besonders mochte und die ich jetzt erst recht aus ganzem Herzen hasse.

Was tun? Ihm nachlaufen? Ihm eine Szene machen? Kommt nicht in Frage. Das Gelächter und die dummen Bemerkungen kann ich mir lebhaft vorstellen. Joëlle, diese Giftspritze, würde es sich bestimmt nicht verkneifen können, über meine Körperfülle zu spotten und mich eine »dicke Pute« oder »fette Schlampe« zu nennen.

Ich habe meinen Kummer und meine Enttäuschung in mich hineingefressen. Ich hatte verloren. Meine erste Liebe hatte durch meine eigene Schuld ein jähes Ende gefunden. Und alles nur wegen meiner Haare.

Erst mit neunzehn sollte ich mich das nächste Mal verlieben.

Sicher, es gab den einen oder andern Jungen, der mir gefallen hätte. Aber die Erfahrung mit Jean-Pierre hatte mich geprägt. Ich fügte mich in die scheinbar unabänderliche Tatsache, dass ich allein bleiben würde. Liebe, das war etwas für die andern, die Schlanken, die Anmutigen, aber nicht für mich. Eine Erkenntnis, die ich immer wieder bestätigt fand.

Gelegentlich bekundete ein Junge Interesse an mir. Er starrte mich an oder schenkte mir ein Lächeln, das über bloße Freundlichkeit hinausging, oder zeigte sich besonders aufmerksam mir gegenüber. Hände, die sich wie zufällig berühren, Herzklopfen …

Und manchmal gab ich meinen Gefühlen nach. Ich nahm die Hand, die meine suchte. Ich blickte in die Augen, die so viele Dinge sagten. Ich erwiderte das Lächeln. Und abends, wenn ich im Bett lag, hing ich meinen Träumen nach, malte mir eine Welt in Rosarot und Himmelblau aus, mit Spaziergängen im Mondschein, malerischen Sonnenuntergängen, heißen Küssen und einem Herzen groß genug für zwei.

Ich bin jedes Mal bald wieder aufgewacht.

Enttäuschung. Ernüchterung. Traurigkeit.

Und tiefer Abscheu vor diesen Heuchlern. Waren sie mit mir allein, traute sich selbst der Schüchternste, mir seine Zuneigung zu beweisen. Aber sobald wir mit den andern zusammen waren oder in der Öffentlichkeit, waren sie wie ausgewechselt.

Im günstigsten Fall taten sie so, als würden sie mich nicht kennen, aus Angst vor dem beißenden Spott ihrer

Freunde, falls unser Flirt herauskäme. Schlimmer aber war es, wenn sie sich auf die Seite der andern stellten, mich wegen meiner Figur verhöhnten und hänselten.

Lügner! Heuchler! Mistkerle! Ich hasse euch mehr als jene, die mich in meiner Behinderung eingemauert haben. Denn ihr wart feige, und es gibt nichts Widerlicheres, nichts Verwerflicheres als Feigheit. Ihr wart unfähig, die Verantwortung für eure Gefühle zu übernehmen.

Ja, ich hasse euch! Ihr habt mit dem Besten, dem Reinsten in mir gespielt: mit meinen Träumen. Mehr war mir nicht geblieben. Meine Träume und mein Herz, mein zerschundenes, gequältes Herz, das heute wie damals ein schlecht abgelöster Block Liebe, ein Konzentrat geraubter Leidenschaften ist.

Dabei bin ich nicht der Mensch, der zum Hassen neigt. Ich glaube sogar, ich bin unfähig, Hass zu empfinden. Wenn dem tatsächlich so ist, ich müsste diese Gefühlsregung erfinden – allein euretwegen.

Ich führte ein Leben am Rande, in der Dunkelheit, und ihr habt mich gezwungen, mich noch weiter zurückzuziehen. Ihr habt unüberwindbare Gräben aufgerissen zwischen meinen heimlichen Träumen und der Wirklichkeit. Mein Traum war ein Mondscheinspaziergang zu zweit an einem einsamen Strand. Die Wirklichkeit, das waren meine einhundertzwei Kilo im Alter von siebzehn Jahren.

Da fror es mich schon beim bloßen Gedanken, einen Badeanzug anziehen zu müssen, um über jenen Strand schlendern zu können.

Aber man gewöhnt sich an alles. Selbst an die schrecklichsten Dinge. Das Leben geht weiter. Meins ist auch weitergegangen. Ich wuchs heran. Ohne Liebe. Ohne Glück.

Mit jedem Jahr trieb die kleine Anne ein Stück näher an das Ufer ihres Erwachsenendaseins heran.

Im Familien- und Bekanntenkreis hatte man im Stillen gehofft, die Sache mit meiner Figur werde sich einrenken, wenn ich erst einmal älter wäre. Die Hoffnungen haben sich nicht erfüllt, ich bin dick geblieben.

Ein Trost waren die Diplome, die ich erwarb. Für mich bedeuteten sie Freiheit. Von nun an würde ich arbeiten und Geld verdienen, und meine Eltern könnten mir nicht mehr verbieten auszugehen oder mir Vorwürfe machen, wenn ich zu spät nach Hause kam. Hoffte ich jedenfalls …

Naiv, wie ich war, glaubte ich fest daran, nun würde ein neues, ein besseres Leben beginnen, eines, in dem ich nicht mehr aufgrund meiner Figur und meines Gewichts benachteiligt würde. Erwachsene sind doch verständige, tolerante Menschen, dachte ich. Nicht so grausam wie Kinder. Adieu, verhasste Kindheit!

Ich finde auf Anhieb eine Stelle als Sekretärin und bekomme 600 Francs im Monat. 1967 war das viel, und für mich ist das ein Vermögen. Endlich bin ich unabhängig.

Und ich habe fantastische Kolleginnen: Zwei sind in meinem Alter, die dritte ist Mitte vierzig. Wir verstehen uns prächtig, lachen viel und arbeiten sogar ein bisschen. Kein Wort über mein Übergewicht. Ich bin im siebten Himmel. Plötzlich ist das Leben wieder schön.

Bis zu jenem trüben Tag im Dezember, an dem mich zu Hause eine Vorladung zur vorschriftsmäßigen Einstellungsuntersuchung durch den Betriebsarzt erwartet.

9. KAPITEL

Setzen Sie sich!«, werde ich in barschem, scharfem Ton aufgefordert. Die unmenschliche, metallische Stimme ist bezeichnend für Leute, die, sobald sie mit einem Quäntchen Macht ausgestattet sind, den andern als unbedeutende Größe betrachten.

Der graue, kalte Raum strahlt die ungemütliche, verstaubte Atmosphäre alter Amtsstuben aus. Mir ist unbehaglich zumute. Dieses Zimmer, diese unwirsche, schroffe Frau erinnern mich zu sehr an meine Erfahrungen mit der Schulärztin und meine Besuche im Kinderkrankenhaus.

Verschüchtert nehme ich auf dem kunstlederbezogenen Stuhl, der schon bessere Tage gesehen hat, gegenüber dem alten Drachen Platz. Ich schaue ihr zu, wie sie in aller Ruhe einige Unterlagen ordnet, ehe sie meine Akte aus einer schmutzverklebten Ablage zu ihrer Linken nimmt. Sie ist genau der Typ, den ich nicht ausstehen kann. Alterslos. Haben solche Menschen je eine Kindheit und eine Jugend mit all der Begeisterungsfähigkeit und der Großzügigkeit, die dazugehören, erlebt? Werden sie je die Sanftmut und die Gelassenheit des Alters erreichen, die ein erfülltes Leben mit sich bringt?

Ich glaube kaum. Mir kommen sie wie Roboter vor, gefühllose Wesen, die durch nichts zu erschüttern und, als wären sie von einem engherzigen Dämon besessen, ganz darauf ausgerichtet sind, ihre Mitmenschen nicht in Frieden leben zu lassen,

»Mademoiselle ...«

Sie räuspert sich und lässt ein paar Sekunden – mir kommt es wie eine Ewigkeit vor – verstreichen, bevor sie fortfährt: »Hier steht, Sie wiegen einhundertzwei Kilogramm bei einer Größe von einem Meter vierundsechzig. Ist das richtig?«

Sie mustert mich ausgiebig von Kopf bis Fuß. Ihr Mund verzieht sich flüchtig zu einem Ausdruck des Ekels. Das Urteil ist gefällt. Eigentlich brauche ich ihr gar nicht mehr zu antworten; ich tue es dennoch, aus Höflichkeit.

»Das wird schon stimmen. Genau weiß ich es nicht, ich habe mein Gewicht in letzter Zeit nicht kontrolliert.«

Hätte ich lieber nichts gesagt! Dankbar packt sie die Gelegenheit beim Schopf. Plötzlich kommt Leben in die starren Züge unter dem strengen Knoten, der in düsterem Rabenschwarz schimmert. Die boshaften kleinen Augen hinter den Brillengläsern bohren sich mit sichtlichem Vergnügen in meinen Körper. Sie hat ihr Opfer gefunden. Ich spüre es, alte Hexen wie die da habe ich schon etliche in meinem Leben kennen gelernt. Sie wird mir nichts schenken.

»Ach, Sie haben es in letzter Zeit nicht kontrolliert?«

Die Ironie ist unüberhörbar, und mir schwant nichts Gutes.

»Nein«, antworte ich, »in letzter Zeit nicht.« Weil es nicht wichtig für mich ist. Ich bin zufrieden mit meinem Leben, hätte ich gern hinzugefügt, alles läuft so, wie ich es mir vorstelle, und da möchte ich den Gedanken an meine überflüssigen Pfunde lieber verdrängen.

Sie anscheinend nicht.

»Aber Mademoiselle! Sind Sie sich im Klaren, was das bedeutet? Ein solches Gewicht in Ihrem Alter! Sie sind doch erst siebzehn!«

Sie sagt es im vorwurfsvollen Ton eines Richters zum Angeklagten.

»Ja«, erwidere ich.

»Und was machen Sie, um abzunehmen?«

Ich lache unwillkürlich auf, nicht weil ich sie provozieren möchte, sondern weil es mir hilft, einen Teil meiner schrecklichen Angst abzubauen. Mein Lachen klingt falsch und gequält.

»Nichts«, entgegne ich.

Abermals der unübersehbare Ekel in ihrem Blick. Und dann überschüttet sie mich mit kränkenden Worten und abfälligen Bemerkungen. Aus ihrem von jahrelanger Engherzigkeit verkniffenen, verschrumpelten Mund klingt das Wort »fettleibig« genauso obszön wie aus dem Mund der Folterknechte in meiner Kindheit.

Sie will mich zu dem Geständnis bewegen, ich sei verfressen und schlänge alles in mich hinein, was mir in die Finger kommt. Aber das ist nicht wahr. Natürlich schlemme ich von Zeit zu Zeit ganz gern, wie andere Leute auch. Einen feinen Kuchen, ein Milchmixgetränk mit Freunden, ein gutes Essen lasse ich mir nicht entgehen. Doch ich leide nicht unter Esszwang. Woher mein Übergewicht kommt, weiß niemand. Die Ärzte haben es früher schon nicht gewusst. Vielleicht eine Nachwirkung der Cholera, an der ich mit drei Jahren erkrankte? Irgendeine wenig erforschte Hormonstörung? Die Meinungen sind seit jeher auseinander gegangen. Und da niemand in der Lage gewesen ist, das

Übel an der Wurzel zu packen und zu beseitigen, habe ich mich eben damit arrangiert. Leicht ist es nicht. Und noch schlimmer wird es, wenn ich mir sinnlose, grausame Überlegungen zu meinem Fall anhören muss. Ich will in Ruhe gelassen werden, mehr nicht.

Aber ich mache mir keine Illusionen: Ich könnte noch so oft beteuern, mich weder mit Süßigkeiten noch mit fetten Speisen voll zu stopfen, sie würde mir nicht glauben. Weil sie mir nicht glauben will.

Alle Dicken lügen, das weiß doch jeder. Wer ein Laster hat, sucht es zu verbergen. Und in den Augen jener, die sich für normal halten oder die ihren Lebensinhalt darin sehen, gegen scheinbare Abnormitäten zu Felde zu ziehen, stellt Dicksein ein Laster dar.

Es ist meine Schuld, wenn ich fett bin. Bestimmt fresse ich heimlich wie ein Scheunendrescher. Sie sagt es zwar nicht mit diesen Worten, aber sie denkt es. Ihre Augen und ihr Mienenspiel sprechen Bände.

»Sie müssen etwas unternehmen«, beendet sie ihren Vortrag. »Ich gebe Ihnen drei Monate. Suchen Sie einen Arzt auf, machen Sie eine Diät, kontrollieren Sie Ihre Essgewohnheiten, was weiß ich … Aber tun Sie etwas! Entweder Sie nehmen ab oder …«

Sie spricht den Satz nicht zu Ende. Nicht nötig, ich habe sie auch so verstanden: Entweder ich verliere meine Pfunde oder meinen Arbeitsplatz. Völlig niedergeschmettert wanke ich aus dem Zimmer.

Jetzt fängt alles wieder von vorn an.

Ich hätte es wissen müssen, es lief alles viel zu gut in letzter Zeit. Meine Stelle, meine Unabhängigkeit, die nette Atmosphäre am Arbeitsplatz … Gerade hatte ich meine

Enttäuschung überwunden und mich einigermaßen gefangen. Ich hatte die Chance zu einem neuen Anfang.

Und da kommt diese hinterhältige alte Hexe daher und macht mir alles kaputt. Zurück zum Ausgangspunkt. In das Untersuchungszimmer des Endokrinologen, der mich als Achtjährige demütigte.

Mit meinen Eltern; meiner Mutter will ich auf keinen Fall darüber reden. Sie machen sich so schon genug Sorgen um mich und würden sich nur furchtbar aufregen. Mama bereitet der Gedanke an meine Zukunft schlaflose Nächte. Werde ich ein normales Leben führen können? Einen Mann finden? Papa sagt zwar nichts, er hat noch nie viel geredet, aber ich weiß, auch er sorgt sich um mich.

Angst. Verzweiflung. Ich muss mit jemandem darüber reden. Die Frage ist nur, mit wem. Mit meinen Freundinnen? Ausgeschlossen. Da unser Verhältnis immer zwiespältig gewesen ist, habe ich mich ihnen nie anvertraut. Ich wollte mich abhärten, stählen. Es ist nicht immer leicht gewesen. Aber sich bei jemandem auszuweinen, macht einen verwundbar; man gibt dem andern eine Waffe in die Hand, die er eines Tages gegen einen richten wird.

Auf der Fahrt im Zug von Savigny zur Gare de Lyon habe ich eine sehr nette Frau kennen gelernt. Mit ihren weißen Haaren und den grauen Augen, die zärtlich und schalkhaft zugleich blicken, erinnert sie mich an meine Großmutter in Carcassonne. Alice, so heißt sie, und ich plaudern über dies und jenes, über ganz alltägliche Dinge, nichts Weltbewegendes. Aber sie bringt darin eine Sympathie, eine unaufdringliche Zuneigung zum Ausdruck, die mir nur wenige Menschen in meinem Leben bekundet haben. Ich weiß, sie versteht mich. Obgleich wir nie darüber gesprochen haben, kennt sie meine Probleme.

Ich beschließe, ihr von meinem letzten Missgeschick zu erzählen. Sie wird zwar nichts für mich tun können, aber mir hilft es schon, ihr mein Herz auszuschütten.

»Ich kann mir nicht vorstellen, wie sie dich zwingen will abzunehmen!«, sagt sie, nachdem sie mir schweigend zugehört hat. Manchmal hat sie leicht den Kopf geschüttelt, wie ich ihr von der Niederträchtigkeit der alten Gewitterziege berichtete, so als wollte sie sagen: Wie kann man nur so gemein, so dumm sein …

»Sie wird veranlassen, dass ich gefeuert werde.«

»Dazu hat sie kein Recht. Das wäre Diskriminierung. dein Gewicht hindert dich ja nicht daran, deine Arbeit ordentlich zu tun.«

Alice gelingt es, mich zu beruhigen. Sie hat Recht, ich muss mich wehren. Ich werde mit meinem Gewerkschaftsvertreter sprechen. Ich werde mich nicht kampflos ergeben.

Ich denke nicht daran, Diät zu halten oder sonst irgendetwas zu unternehmen, um meine Pfunde loszuwerden. Diese Giftnudel kann mich gern haben!

Die Zeit vergeht. Ich habe den Vorfall fast schon wieder vergessen. Da bekomme ich eine zweite Vorladung. Die blöde Kuh hat es natürlich nicht vergessen!

Verkrampft vor Angst, aber fest entschlossen, mir nichts gefallen zu lassen, betrete ich abermals das schmutzige Zimmer der haarknotentragenden Eule.

Der mit abgewetztem Kunstleder bezogene Stuhl ist derselbe. Der Schreibtisch auch. Das Bild in den verwässerten Farben an der Wand auch. Mein Gewicht auch.

»Wie ich sehe, haben Sie nicht abgenommen.«

»Nein, Madame.«

»Und warum nicht?«

»Weil ich mich wohl fühle, so wie ich bin.«

Ich unterdrücke mit aller Kraft das Zittern in meiner Stimme. Ich werde mir meine Angst nicht anmerken lassen. Ich werde stärker sein als diese Beißzange.

»Mit Ihrem Gewicht können Sie unmöglich die Anforderungen erfüllen, die Ihr Arbeitsplatz an Sie richtet! Das ist ein seriöses Unternehmen hier!«

Was so viel heißen soll wie: Wir sind hier doch nicht im Zirkus. Monstren haben hier nichts zu suchen. Entweder ich gebe mir Mühe, ein normaler Mensch zu werden, der in eine anständige Kleidergröße passt, oder ich kann gehen. Die Bemerkung hat mir meine Andersartigkeit schmerzhaft ins Bewusstsein zurückgerufen, und all meine Komplexe, all die angestauten Frustrationen werden schlagartig wieder an die Oberfläche gespült. Das wirft mich völlig aus der Bahn, und ich stammle: »Aber Madame, ich …«

»Seien Sie still, und hören Sie mir genau zu!«

Was bleibt mir anderes übrig? Sie verlangt, dass ich meinen Arzt aufsuche und mir eine Arbeitsunfähigkeitsbescheinigung ausstellen sowie eine strenge Diät verordnen lasse. Ich willige ein. Sie gibt mir eine Mitteilung für meinen Arzt mit, in einem verschlossenen Umschlag, damit ich nicht lese, was sie geschrieben hat. Ich versuche ein letztes Mal zu protestieren, aber für sie ist die Unterhaltung beendet. Ich bin entlassen. Mit Tränen der Wut und der Verzweiflung in den Augen wende ich mich ab.

Ich hasse sie, diese bösartige, verklemmte alte Hexe, die Macht über mich hat und nicht zögert, davon Gebrauch zu machen, weil ich mich nicht wehren kann. Noch so ein Miststück! Ich könnte sie erwürgen, ja, am liebsten würde ich die Hände um ihren mageren Hals legen und zudrücken, bis ich Knochen splittern höre.

Als ich am nächsten Tag unseren Hausarzt aufsuche, der mich seit meinem siebten Lebensjahr kennt, beruhigt er mich.

»Du brauchst keine Angst zu haben. Du bist nicht krank. du bist dick, ja, aber nicht arbeitsunfähig.«

»Das heißt …«

»Das heißt, ich lehne es strikt ab, dir eine Diät zu verordnen. Das würde überhaupt nichts nützen. Dein Übergewicht kommt nicht vom Essen. Und ich werde dir auch keine Arbeitsunfähigkeitsbescheinigung ausstellen.«

Er gibt mir einen Brief für die alte Eule mit, der mir einen Aufschub gewährt. Ich kehre an meinen Arbeitsplatz zurück.

Aber ich bin nicht mehr mit der Freude und dem Eifer von einst bei der Sache. Die Atmosphäre im Büro kommt mir gezwungen, verkrampft vor. An meinen Kolleginnen liegt es nicht, sie haben sich nicht verändert; sie sind genauso freundlich und nett zu mir wie früher. Die Unzufriedenheit kommt aus mir selbst. Mir ist unbehaglich zumute. Ich weiß, dieses elende Weibsstück wird mich früher oder später wieder zu sich zitieren. So leicht gibt die nicht auf. Ihre Niederträchtigkeit verleiht ihr eine ungeheure Hartnäckigkeit, wenn es darum geht, jemandem das Leben schwer zu machen. Ich bin sicher, sie wirkt emsig und unermüdlich im Verborgenen, bis sie mich abschießen kann. Sie will meinen Kopf.

Und sie bekommt ihn. Mit Hilfe des Bürovorstehers.

Bislang kam ich gut mit ihm zurecht. Er verhielt sich ein bisschen distanziert, aber höflich mir gegenüber und ließ mich ansonsten in Ruhe. Ich fand ihn eigentlich recht sympathisch. Seit einiger Zeit spüre ich jedoch eine gewisse Befangenheit, eine Reserviertheit an ihm, die neu ist. So als sei etwas zwischen uns unklar, unausgesprochen und er wage nicht, mit mir darüber zu reden. Um eine Beförderung handelt es sich bestimmt nicht!

Schließlich lässt er mich zu sich rufen. Ich sehe ihm an, wie unangenehm ihm diese Unterredung ist. Ich ahne, was er mir zu sagen hat: Sie sind zu dick, Sie sind entlassen. Obwohl mir diese Worte das Herz brechen werden, wünsche ich mir, er soll sie endlich aussprechen, damit ich es hinter mir habe und die Sache ein Ende hat.

»Sehen Sie, Anne, Sie stellen mich da vor ein Problem …«, beginnt er.

Ich kann diese scheinheiligen, katzenfreundlichen Einleitungen nicht ausstehen. Sie schmerzen mehr als ein offenes, direktes Wort.

»Oh, seien Sie unbesorgt, ich spreche nicht von Ihrer Leistung am Arbeitsplatz. Sie erfüllen meine Erwartungen in jeder Hinsicht, und Ihre Kollegen schätzen Sie sehr. Aber …«

Warum haben Sie mich dann rufen lassen?, hätte ich ihm am liebsten ins Gesicht geschleudert. Was wollen Sie von mir? Lassen Sie mich doch in Ruhe! Etwas anderes verlange ich gar nicht!

Ich müsste zum Angriff übergehen, ich spüre, das ist meine einzige Chance. Aber ich stehe da wie gelähmt und schweige. Und damit habe ich verloren.

»Ich mache mir Sorgen um Ihre Gesundheit, meine liebe Anne. Sie … nun ja … Sie sind ein wenig mollig …«

Was für eine scharmante Umschreibung! Und gedacht hat der Schuft wahrscheinlich: Sie sind fett wie eine Kuh.

»Kurz und gut, Sie müssen etwas für Ihre Gesundheit tun. Ich kann es nicht verantworten, eine kranke Angestellte zu beschäftigen. Der Bürobetrieb könnte darunter leiden … Sie verstehen … Es ist zu Ihrem eigenen Besten …«

Meine Kündigung will er, das ist es. Ich fühle mich überfahren, überrumpelt, wie betäubt. Ich willige ein. Wozu kämpfen? Es hat ja doch keinen Zweck. Diesem Heuchler ist es gelungen, meinen Widerstand zu brechen, lange genug jedenfalls, um mir meine Zustimmung abzuringen.

Meine hochgelobten Leistungen spielen keine Rolle. Ausschlaggebend ist das Gewicht. Und da ich die Grenzen überschreite, wirft man mich hinaus. So einfach und so mies ist das.

Ich habe den Rat meiner Bekannten aus dem Zug befolgt und meinen Gewerkschaftsvertreter aufgesucht. Der behauptet, er könne nichts für mich tun. Ich verstehe. Ich höre kaum hin, als er mir verschwommene Erklärungen liefert und gute Ratschläge erteilt: Ich solle mich in ärztliche Behandlung begeben und mich einer Diät unterziehen. Das Gespräch hat mich nur in meiner Überzeugung bestärkt, auf mich allein gestellt zu sein und mich auf niemanden verlassen zu können.

Solidarität, Beistand, Toleranz, Rechte des Arbeitnehmers … dass ich nicht lache! Das gilt nur unter der Voraussetzung, dass das zulässige Gesamtgewicht nicht überschritten wird. Berufliche Qualifikation, guter Wille, Gefühle sind etwas Wunderbares – solange sie nicht in einem Doppelzentner Fett verpackt sind. Dann sind sie plötzlich nichts mehr wert. Falls ich bisher daran gezweifelt hatte, waren meine Zweifel spätestens jetzt restlos beseitigt …

Ich beschließe, meinen Eltern vorläufig nichts zu sagen. Ich will einen günstigen Moment abwarten.

Die Unruhen des Jahres 1968 sind in vollem Gange. Studenten und Arbeiter kämpfen auf den Straßen gemeinsam für eine bessere Welt, für einen Platz an der Sonne. Meine Welt ist zusammengebrochen, meine Sonne hinter finsteren Wolken verschwunden. Und von meiner Zukunft wollen wir gar nicht erst reden. Man hat mich auf die Straße gesetzt, als hätte ich die Pest. Wer wird mich jetzt noch nehmen? Was soll nun aus mir werden?

Dieser Frühsommer ist eine schlimme Zeit für mich. Allein mit meinem Übergewicht, ohne Arbeit, weine ich mir die Seele aus meinem armen Leib, meinem Feind und meiner Zuflucht zugleich. Ich hadere, ich zürne, ich tobe. Ich spiele mit dem Gedanken an Selbstmord.

Ich kann meinen Eltern nicht ewig verheimlichen, dass ich arbeitslos bin. Ich sage es meiner Mutter, spreche aber nicht offen über meine Gefühle. Wir haben nie viel miteinander geredet. Heute weiß ich, sie hat mich verstanden. Hinter ihrer Schweigsamkeit und ihrer scheinbaren Gelassenheit verbirgt sich ein ungeheures Potenzial an Liebe.

Sie tut ihr Möglichstes, um mir das Leben zu erleichtern. Sie spricht eine Bekannte an, die gegenüber wohnt und im Gesundheitsministerium arbeitet. Ob sie nicht vielleicht eine Stelle für mich wüsste? Ich hätte gute Zeugnisse und sei fleißig und ordentlich. Könnte sie sich nicht ein bisschen umhören?

Es klappt.

Ich werde zu einem Vorstellungsgespräch gebeten, und ich bekomme die Stelle. Anfang August beziehe ich mein Büro in der Rue de Tilsit. Niemand hat mich bei der Einstellung nach meinem Gewicht gefragt. Und es interessiert sich auch in den folgenden vier Jahren, die ich dort tätig sein werde, niemand dafür.

Es gibt noch etwas, das mich ein wenig für mein Pech entschädigt: Ich mache meinen Führerschein. Ich bestehe die Prüfung, wenn auch erst beim zweiten Anlauf. Von meinen Eltern bekomme ich einen Zuschuss, damit ich mir ein kleines Auto kaufen kann: einen schwarzen Simca 1000, den mir ein Bekannter von Papa günstig vermittelt. Das Auto bedeutet Freiheit für mich. Die Benutzung von öffentlichen Verkehrsmitteln ist für niemand besonders angenehm. Aber für Dicke ist sie eine ausgesprochene Qual. Vorwurfsvolle oder angewiderte Blicke, Witze und Bemerkungen, die in der Anonymität eines Zuges, eines Busses oder der Metro noch beleidigender, noch bissiger ausfallen als sonst. Ich kann ein Lied davon singen. Einmal hat so ein Dummkopf zur allgemeinen Erheiterung posaunt, der Fahrpreis für Übergewichtige sollte sich nach dem Platz, den sie einnehmen, berechnen. Hätte sich der gleiche Idiot über einen Körperbehinderten oder einen Blinden lustig gemacht, hätte man ihn gelyncht.

So oft ich an dieses Auto denke und an die Unabhängigkeit, die es mir brachte, an das Gefühl der Erleichterung, das ich empfand, kommen mir Tränen der Dankbarkeit. Dankbarkeit meinen Eltern gegenüber, die so große Opfer brachten, damit ich es kaufen konnte. Damals ahnte ich nicht, was es für sie bedeutete. Ich hatte so viele Probleme, dass mir meine Eltern wie Fremde vorkamen, die mir zu nahe standen. Wir waren in allem uneins. Meine Mutter schrie mich an, die Schweigsamkeit meines Vaters ging mir auf die Nerven.

Im Lauf der Jahre und meines Lebens habe ich gelernt, sein Schweigen bedeutete nicht Gleichgültigkeit, sondern ganz im Gegenteil Liebe und Sorge um seine Familie, um mich ganz besonders. Und Mama schimpfte nur deswegen ständig mit mir, weil sie Angst um mich hatte.

10. KAPITEL

Ich weiß nicht, ob es anderen Menschen auch so geht, aber ich verknüpfe mit jedem bedeutsamen oder kostbaren Augenblick meines Lebens ein bestimmtes Lied, eine bestimmte Melodie. Die verstaubten Texte und oft simplen Weisen aus der Vergangenheit stellen so eine Art verborgene Architektur meines Seelenlebens dar. Rückblickend kommt mir mein Leben wie ein Tonaufnahmestudio vor, das seit seinem Bestehen alles Mögliche erlebt hat, Freude und Leid, Hoffnung und Verzweiflung, gekleidet in etwas dümmliche Schlager, die damals aktuell waren und heute vergessen sind oder lächerlich wirken, in Gedichte voller Wehmut oder in flotte Rhythmen. Mit jeder Erinnerung, die ich wachrufe, kehrt auch die Musik zurück.

Brel und seine ergreifenden Klagen über unerwiderte Liebe in der Einöde des Herzens. *Tombe la neige* und Adamos brüchige, warme Stimme. Johnny Halliday, seit jeher mein Idol, und seine sanfte Rebellion, mit der er uns Sechzehnjährigen aus der Seele sprach. Und viele andere, die mit ihren Liebesliedern oder ihrer Rockmusik meine Jugend begleiteten. Wenn ich Eddy Mitthell sein *Fille aux yeux menthe à l'eau* singen höre, bestürmen mich Erinnerungen an den Mann, der mich mit neunzehn in die Freuden der Liebe einweihte.

Wie in Eddys Lied stand auch in dem Café in Sainte-Geneviève-des-Bois, in dem wir unsere Samstage und Sonntage verbrachten, eine Musikbox. Stundenlang saßen wir Mädchen vor einem Glas Pfefferminzsaft und musterten unauffällig die Jungs, die hereinkamen, während sich auf dem Plattenteller der alten Wurlitzer die Scheiben unserer Idole drehten. Abgesehen von Nicole gehörte noch Éliane zu unserem kleinen Kreis sowie neuerdings Marie, eine Tunesierin, die ganz in meiner Nähe wohnte.

Das Café war ein kleines Vorstadtlokal wie viele andere auch Ende der sechziger Jahre, Treffpunkt für die Anwohner der umliegenden Straßen und abends oder am Wochenende für die Jugendbanden, die sich je nach dem Trend der Zeit und den ständigen Auseinandersetzungen um Mädchen oder Gebietsgrenzen mehr oder weniger wild gebärdeten.

Eine von ihnen kommt regelmäßig im Tabac du Progrès zusammen. Halbstarke, wie man sie zu jener Zeit nannte. Motorräder. Nietenbesetzte Ledergürtel. Lederjacken. Hautenge Jeans und Cowboystiefel. Lange, mit reichlich Frisiercreme gebändigte Haare und Elvis-Tolle. Ihr Auftreten, ihre Ketten und Springmesser, ihre Prügeleien und ihre Vorliebe für Musik, die zur Gewalt animiert, veranlasste die Leute, sie als Rowdys und Schläger abzustempeln. Dabei waren die meisten anständige Burschen, die sich einfach durch ihre Kleidung und ihr provozierendes Benehmen von der Masse abzuheben suchten. Jeder versuchte eben auf seine Weise, die graue Monotonie der Betonwüsten unserer Vorstädte, in denen man sich damals schon zu Tode langweilte, zu durchbrechen.

Unsere Eltern hatten uns den Umgang mit ihnen verboten. Aber uns Mädchen imponierten sie natürlich gewaltig. In unseren Augen waren das Männer, richtige Männer, harte Männer. Rocker, würde man heute sagen. Sie verkörperten Macht, den Reiz des Verbotenen in unserem öden, braven, spießigen Dasein. Uns störte es nicht im Geringsten, dass sie irgendwelche Filmhelden kopierten und unter der Woche ganz normale Arbeiter oder Postbeamte waren. In ihren Lederklamotten stellten sie jenen Männertyp dar, von dem jede Neunzehnjährige – und nicht nur die – träumt: den Abenteurer, den Macho, das Raubein.

Von den Mitgliedern der Bande, die in Sainte-Geneviève-des-Bois ihr Unwesen treibt, gefällt mir Yvon am besten. Er ist sehr groß und hat dunkles Haar. Ich habe schon immer eine Schwäche für Dunkelhaarige gehabt. Und er hat unergründliche schwarze Augen, wie Jean-Pierre, meine erste, ebenso flüchtige wie keusche Liebe.

Abgesehen von »guten Tag« und »auf Wiedersehen« habe ich praktisch nie ein Wort mit Yvon gewechselt. Seine Stimme kenne ich nur von lautstarken Auseinandersetzungen mit seinen Kumpeln oder mit den Angehörigen einer befeindeten Bande, die sich in sein Territorium verirrt haben.

Mit Yvon ist nicht gut Kirschen essen. Er ist der geborene Anführer. Alle, Freund und Feind gleichermaßen, haben Respekt vor ihm.

Dennoch scheint unter der rauen Schale ein weicher Kern zu stecken. Seine Auftritte als starker Mann, seine kraftstrotzenden Bewegungen, wenn er die Kneipe betritt oder den Flipper malträtiert, die abgewetzte Lederjacke mit dem Adler im Rücken, unter der man die Muskeln spielen sieht, sind nichts als Fassade. Dahinter verbirgt sich sehr viel Sanftmut. In ruhigen Zeiten hat sein Blick fast etwas Naives. Seine Fäuste können bestimmt hart zuschlagen, aber ich bin sicher, seine Hände sind zu Gesten von großer Zärtlichkeit fähig. Ich stelle mir vor, wie es wäre, wenn er mein Haar, mein Gesicht, meinen Rücken streichelte, seine Lippen die meinen berührten und ich mich in seine starken Arme schmiegte …

Da würden die andern aber Augen machen, vor allem Nicole! Ich und ein Mann! Ein Mann, der nur mir gehören würde, so wie ich ihm jetzt schon gehöre. So zu sein wie die andern, die keine Gelegenheit zu einem Flirt – oder auch mehr – auslassen, was für ein Triumph wäre das für mich!

Zum ersten Mal fantasiere ich nicht ins Blaue hinein.

Ich weiß, ich bin ihm nicht gleichgültig. Er zeigt es nicht offen, das wäre eines Anführers unwürdig. Aber die verstohlenen Blicke, die er mir zuwirft, sind unmissverständlich. Und wenn ich an der Musikbox eine Platte aussuche, die er gern hört, lächelt er oder winkt mir diskret zu. Wir verstehen uns auch ohne Worte, das lässt er mich auf mancherlei Weise wissen.

Wenn ich, die ich noch nie einen festen Freund gehabt habe und voller Komplexe stecke, sage, ich träume von Yvon, so ist das eine glatte Untertreibung. Ich denke Tag und Nacht an ihn. Endlich jemand, der sich, um meiner selbst willen, für mich interessiert, ein richtiger Mann, der in mir nicht eine Art Monstrum oder eine zum Abgewöhnen sieht, sondern eine Frau, die umworben werden will.

Plötzlich finde ich mich hübsch. Als ich vor ein paar Tagen abends vor dem Spiegel saß und an IHN dachte, fiel mir auf, was für schöne Augen ich habe und was für weiche, liebliche Züge. Die Liebe vollbringt Erstaunliches!

Es ist Samstag. Am Vormittag bin ich zum Friseur gegangen, weil ich weiß, ich werde IHN am Nachmittag sehen. Ich trage mein Haar jetzt ganz kurz und habe mir eine Dauerwelle legen lassen. Sieht gut aus. Und dazu das schicke rote Kleid, das Mama mir genäht hat. Da ER mich hübsch findet – da ich hübsch bin –, darf ich auch kokett sein. Kein unangenehmes Gefühl, im Gegenteil. Am Abend wollen wir ins Kino gehen, in »King-Kong«. Nicht gerade ein Liebesfilm par excellence! Aber das macht nichts. Mir genügt es, wenn es dunkel ist im Saal … Ich muss es nur so einrichten, dass ich neben Yvon sitze. Das dürfte nicht allzu schwierig sein.

Schwieriger als gedacht.

Wir sind gut fünfzehn Leute und können unmöglich alle nebeneinander sitzen. Im Gedränge finden Nicole und ich uns plötzlich fünf, sechs Reihen vor den anderen wieder, wo noch Plätze frei sind. Ich bin fuchsteufelswild, als das Licht ausgeht. Und zu allem Überfluss dieser schwachsinnige Film. Was interessieren mich die Abenteuer eines Riesenaffen! Noch ein verpatzter Abend.

Oder vielleicht doch nicht?

Der Dokumentarfilm – damals wurde vor dem Hauptfilm immer ein Vorfilm gezeigt – läuft schon seit einer ganzen Weile, als zwei junge Männer hereinkommen und sich neben uns setzen. Nach der Werbung geht das Licht wieder an, und ich nutze die Gelegenheit, meinen Nachbarn verstohlen zu mustern. Gar nicht übel! Lockiges, schwarzes Haar, matter Teint, regelmäßige, überaus lebhafte Züge. Genau mein Typ. Das heißt, der meiner Träume …

Er hat meinen Blick bemerkt. Er sieht mich an und lächelt. Ich finde mich wie gesagt süß an diesem Abend. Ich strotze nicht gerade vor Selbstbewusstsein, aber ich fühle mich gut. Er braucht ja nicht zu wissen, dass ich noch nie einen Freund gehabt habe, oder? Ich lächle also zurück, und wie! Obgleich ich mich um die richtige Mischung zwischen Koketterie und Schüchternheit bemühe, strahle ich übers ganze Gesicht. Er wendet sich wieder seinem Freund zu und unterhält sich mit ihm. Mir kann er nichts vormachen. Ich weiß, er wartet nur auf eins: dass das Licht ausgeht. Und dann …

Es kommt, wie ich es mir gedacht habe. Er zupft behutsam an meinem Ärmel. Seine Hand sucht die meine. Panik erfasst mich. Wie lange habe ich auf diesen Augenblick gewartet! Und jetzt ist er da. Mein sehnlichster Wunsch – die Aufmerksamkeit eines Mannes zu erregen, geliebt zu werden – ist im Begriff, in Erfüllung zu gehen.

Mir ist, als schwebte ich. Als hätte ich meinen Körper verlassen. Entsetzen und Ekstase zugleich. Bilder, Personen flimmern über die Leinwand, aber ich nehme nur noch den Wechsel von Licht und Dunkelheit wahr, unzusammenhängende, störende Bewegungen. Ich habe das Gefühl, die ganze Welt starrt mich kritisch, missbilligend an. Und in die Beklommenheit mischt sich ein unsagbares Glücksgefühl, das sich bis in jede Zelle meines Körpers ausbreitet.

Die Berührung seiner Hand, die feuchte Wärme seiner Haut auf meiner löst Empfindungen in mir aus, die ich gar nicht beschreiben kann. Seine Haut fühlt sich ein bisschen rau an, aber vielleicht bilde ich mir das nur ein; schließlich habe ich keine Vergleichsmöglichkeiten. Unsere Finger verschränken sich ineinander. Ich bin selig.

Er legt den Arm um meine Schultern. Mein Herz klopft zum Zerspringen. Er küsst mich. Ich erwidere seinen Kuss mit aller Inbrunst, deren ich fähig bin, während ich mir gleichzeitig sage, es ist nicht richtig. Er wird denken, ich sei leicht herumzubekommen. Aber es hilft nichts: Alles, was sich in den letzten Jahren in mir angestaut hat, bricht sich nun gewaltsam Bahn. Mein Körper rächt sich. Ich versinke im warmen Atem des Jungen. Der Film auf der Leinwand ein paar Meter vor uns scheint Lichtjahre entfernt. Ich bin überrascht, als er zu Ende ist. Hat er nicht gerade erst angefangen?

Das Licht geht wieder an. Obgleich mein Bewusstsein getrübt ist und ich meine Umgebung wie durch eine Watteschicht wahrnehme, entgeht mir Nicoles schlechte Laune nicht. Manuel – wir haben uns zwischen zwei Küssen miteinander bekannt gemacht – hat den Arm um mich gelegt und zeigt seine Zuneigung unverhohlen. Meiner Freundin passt das anscheinend nicht. Ich entgleite ihr. Noch vor zwei Stunden war ich nichts weiter als die Dicke. Ballast, den man aus falscher Menschenfreundlichkeit mit sich herumschleppt. Jetzt bin ich ihr ebenbürtig. Ein Mädchen, das die Jungen beachten, das durchaus in der Lage ist, sich einen Mann zu angeln – und nicht den schlechtesten. Ich weiß nicht, was mir tiefere Befriedigung verschafft: meine Eroberung oder die Verärgerung meiner so genannten Freundinnen.

Hand in Hand verlassen Manuel und ich den Saal. Ich strahle. Alle schauen uns an. Alle schauen mich an. Ein himmlisches Gefühl. Draußen fragt Manuel mich, ob ich nicht Lust zu einer kleinen Spritztour mit seinem Motorrad hätte. Die andern warten in einiger Entfernung auf mich.

Und da tue ich etwas Unglaubliches. Aus einer plötzlichen Anwandlung von Bosheit heraus, für die ich nicht einmal nach Gründen suche, lasse ich meinen dunkelhaarigen Flirt ohne ein Wort der Erklärung stehen und schlendere zu meinen Freunden hinüber.

Er ist überrascht und die andern noch viel mehr. Selbst ich wundere mich einen Sekundenbruchteil über mein eigenartiges Verhalten. Aber wie gut das tut! Mich vor aller Augen wie ein Biest zu benehmen, ist ein weiterer nicht zu verachtender Triumph. Das mag schäbig und fies klingen, dennoch ist es so.

Und das ist noch längst nicht alles!

Es sieht fast so aus, als hätten die boshaften Typen mehr Glück als die gutmütigen Trottel, zu denen ich noch vor ein paar Stunden gehörte. Als ich nämlich zu meinem Auto gehe, kommt einer von Yvons Bande auf mich zu und sagt:

»Du, Anne …«

»Willst du was von mir?« Ich mustere ihn selbstbewusst und herablassend.

»Na ja, die Sache ist die …« Er druckst ein bisschen herum und erklärt mir mit sichtlichem Unbehagen, sein Boss, Yvon, schicke ihn, und er lässt fragen, ob ich nicht mal Zeit für ihn hätte, weil … also … weil er ganz gern mal mit mir ausgehen würde …

Hat der Mensch noch Worte!

Seit Wochen spielen wir Katz und Maus miteinander, Yvon und ich. Nun provoziere ich ihn, indem ich demonstrativ einen andern küsse, und er macht den ersten Schritt. Besser gesagt, er lässt ihn seinen Laufburschen tun.

Schmeichelhaft, oder nicht? Plötzlich bin ich in der gleichen Position, um die ich Nicole und die andern früher so beneidet habe, als ich nichts weiter als die Vermittlerin war, wenn ihnen ein Junge gefiel. Dieses Gefühl von Macht ist nicht zu verachten. Ganz zu schweigen von der Genugtuung, die ich über die Reaktion der andern empfinde.

Kein Zweifel, diesen Samstag muss ich mit einem roten Kreuz im Kalender markieren. Ein Hauch Selbstbewusstsein, eine Spur Koketterie, und auch einmal stehe ich auf der Sonnenseite des Lebens. Meine Rache, die Befriedigung über die sauren Mienen meiner »Freundinnen« sind dabei nebensächlich. Für mich hat sich alles geändert. Vorbei die Zeiten der dicken Kokosnuss, eine Frau wurde geboren, eine Frau, die geliebt und respektiert wird. Und nicht von irgendwem, sondern von einem Jungen, den die andern Mädchen zu gern auf die Liste ihrer Eroberungen setzen würden.

»Du bildest dir doch nicht im Ernst ein, Yvon könnte sich für dich interessieren«, bemerkte Nicole abfällig bei jeder sich bietenden Gelegenheit.

»Und wenn er sich an dich ranmacht, dann doch nur ...«, fügte Éliane jedes Mal hinterhältig hinzu.

Dann doch nur, um mich auf den Arm zu nehmen. Das wollte sie damit andeuten. Um mit mir, dem in jeder Hinsicht naiven, unerfahrenen Pummelchen zu spielen. Es sei denn, Yvon war vielleicht nicht ganz normal ... Denn wenn einer auf Mollige steht, das ist doch verdächtig. Das grenzt ja an Perversität.

Nichts von alledem traf auf Yvon zu.

Yvon liebte mich. Er liebte mich wirklich. Um meiner selbst willen. Egal, ob ich dünn oder dick, atemberaubend schön oder abstoßend hässlich gewesen wäre, er hätte mir in jedem Fall einen Platz in seinem Leben eingeräumt.

Von Yvon habe ich etwas Wesentliches gelernt: Liebe ist ein Blick, eine Art Laserstrahl des Herzens, der den äußeren Schein, die Maske durchdringt und das wahre Ich erkennt, das sich dahinter verbirgt.

Er hat meine Einsamkeit, meinen Kummer und die Dämonen der Vergangenheit gesehen, aber auch mein grenzenloses Verlangen zu geben. Mich endlich jemandem hinzugeben, mit Leib und Seele.

Ich war noch Jungfrau. Allein der Gedanke, mit einem Jungen zu schlafen, versetzte mich in Panik. Erst zwanzig Jahre sind seit damals vergangen. Doch wenn man den jungen Leuten von heute unsere Probleme die Liebe und den Sex betreffend schildert, denken sie, wir hätten im finstersten Mittelalter gelebt. Mama hatte nie mit mir über diese Dinge gesprochen. Oder nur in vagen Worten. Oder in Drohungen gehüllt: »Wenn du mit einem Jungen schläfst, bekommst du ein Kind. Und schwanger brauchst du uns gar nicht erst nach Hause zu kommen!«

Unter Yvons rauer Schale verbarg sich ein Mensch von außerordentlichem Einfühlungsvermögen. Ich musste ihm nichts erklären, er wusste, was mit mir los war. Falls er je daran gedacht haben sollte, mich zu drängen, mich wegen meiner Unerfahrenheit zu hänseln oder mich eifersüchtig zu machen, um mich schneller ins Bett zu bekommen, habe ich es jedenfalls nicht bemerkt. Ich sah höchstens einmal einen Ausdruck sanfter Ironie in seinen tintenschwarzen Augen, wenn unsere Zärtlichkeiten außer Kontrolle zu geraten drohten, er mich bat, mit ihm zu schlafen, und ich, bis zu den Haarwurzeln errötend, ablehnte. Statt mich zu bedrängen, küsste er mich nur ein bisschen leidenschaftlicher als sonst. Er hatte eine gescheiterte Beziehung hinter sich und wusste aus eigener Erfahrung, dass manche Wunden nur sehr langsam heilen.

»Ich liebe dich, Anne«, pflegte er in solchen Augenblicken zu sagen. »Ich werde dich immer lieben.«

»Ich dich auch«, flüsterte ich überglücklich und erwiderte seinen Kuss.

Seine zärtliche Geduld verdrängte im Lauf der Monate allmählich meine Angst und ließ die Warnungen meiner Mutter verblassen. Mein Verlangen, mich ihm hinzugeben als Beweis meiner unendlichen Liebe, wurde immer heftiger.

Ein knappes Jahr, nachdem wir uns kennen gelernt hatten, schlief ich zum ersten Mal mit ihm. Es war an Pfingsten 1969, an einem herrlichen Sonntag. Ein Mädchen vergisst sein erstes sexuelles Erlebnis nicht, schon gar nicht, wenn es so wundervoll war wie bei mir. Wie hätte es auch anders sein können in dieser Atmosphäre von Aufrichtigkeit und Unschuld, von Freude und Liebe.

Es ist Juni; der Frühling verabschiedet sich nur widerwillig, und der Sommer kommt nur zögernd. Die Kastanien haben sich mit duftenden Blütenkerzen geschmückt. Das Gras und das Laub der Bäume ist von jenem frischen, lebhaften Grün, das von jungen Säften genährt wird. Der Himmel ist klar, die Sonne zwanzig Jahre alt.

Yvon arbeitet in der Maschinenfabrik in Vitry. Er hat einen Kumpel, Christian, der in einem Haus unmittelbar neben dem Werk wohnt, und im ersten Stock dieses Hauses steht meinem Freund ein Zimmer zur Verfügung, wo er gelegentlich übernachtet, wenn er einen über den Durst getrunken oder einfach keine Lust hat, nach Hause zu gehen.

»Ich werde das Pfingstwochenende dort verbringen«, bemerkt er beiläufig. »Kommst du mich besuchen?« Er sieht mich mit einem vielsagenden Lächeln an.

Ich kann mir denken, was hinter der Einladung steckt. Das trifft sich gut. Meine Gedanken bewegen sich nämlich in eine ähnliche Richtung, auch wenn ich es mir nicht offen einzugestehen wage. Für uns beide ist es die ganz große Liebe. Wir verstehen uns hervorragend. Küssen und verstohlene Zärtlichkeiten in einer dunklen Ecke genügen auf die Dauer nicht. Immerhin ist Frühling, und zwar für jedermann!

»Sonntagvormittag komme ich vorbei«, verspreche ich.

Obgleich ich mir selbst nichts sehnlicher wünschte, als mit ihm zu schlafen, ist mir nicht wohl in meiner Haut. Ich habe Angst vor dem Sprung ins Ungewisse, der letzten Hürde auf meinem Weg ins Erwachsenendasein. Ob es wehtun wird? Und wenn ich mich lächerlich mache? Was ist, wenn ich tatsächlich ein Kind bekomme?

In meiner überspannten Fantasie schiebt sich das Gesicht meiner Mutter vor das von Yvon. In meinem Kopf dröhnt das Echo ihres zornigen, sorgenvollen Ausbruchs. Wie soll ich ihr je beichten, was bald geschehen wird?

Noch etwas quält mich entsetzlich: mein Körper.

»Ich mag dich, wie du bist«, versichert mein zärtlicher Rocker mir, so oft ich, und sei es noch so zart, auf meine Figur und mein Gewicht anspiele.

Worte, schreit eine vor Angst halb wahnsinnige Stimme in meinem Innern, nichts als Worte! Wenn er mich erst nackt sieht ... Nein, kommt nicht in Frage. Ich werde mich nicht ausziehen, auf gar keinen Fall. Selbst wenn ich hübsch und schlank wäre, würde mir das schwerfallen.

Schamhaftigkeit wird bei uns zu Hause groß geschrieben. Nicht ein einziges Mal habe ich meinen Vater oder meine Mutter nackt gesehen. Undenkbar! Nicht ein einziges Mal haben sie sich wie zwei Verliebte vor meinem Bruder oder mir auf den Mund geküsst. Mir ist gar nie der Gedanke gekommen, sie könnten miteinander schlafen.

Schön, meine Kleider werde ich also anbehalten. Andererseits wird es sich kaum vermeiden lassen, dass ich zumindest gewisse Teile meines Körpers entblöße ... Yvon wird mich bestimmt hässlich finden, abstoßend, wenn er mich in meiner natürlichen Fülle sieht.

Dick. Rund. Fett.

Ich hasse diese Adjektive mit ihrem obszönen Beiklang. So oft sie mir in den Sinn oder über die Lippen kommen, werde ich in die Hölle zurückgestoßen. Ihr Klang führt meine Zerstörung herbei, eine Zerstörung von innen heraus, so als ertränke ich, als versänke ich in den bodenlosen Schichten meines Fettes.

In der Nacht vor meiner Verabredung liege ich stundenlang wach, während die Dämonen in mir mit genüsslicher Grausamkeit Seite um Seite im geheimen Buch meiner Ängste umblättern. Als ich endlich einschlafe, werde ich von schlimmen Träumen geplagt. Meine verzweifelten Eltern verfolgen mich, dazwischen sehe ich Yvons Gesicht, erst liebevoll, dann höhnisch grinsend, und im Hintergrund geistert ein irrer Endokrinologe herum, eine Lehrerin mit Folterwerkzeugen, eine teuflische Schulärztin.

Am andern Morgen mache ich mich hübsch. Der Himmel ist blau, die Sonne scheint, und meine Albträume sind vergessen. Aber ganz allein nach Vitry fahren? Ich glaube nicht, dass ich das geschafft hätte. Wahrscheinlich hätte ich auf halber Strecke wieder umgedreht. Oder wäre einfach weitergefahren, der Nase meines Simca nach ... Also habe ich Éliane, die seit ein paar Tagen eingeweiht ist, überredet mitzukommen. Sie wird mich begleiten wie die Jungfrau zur Opferstätte!

Da es weit und breit kein Café gibt, das um diese Zeit geöffnet hat, erklärt sie sich spontan, aus jenem Solidaritätsgefühl heraus, wie es nur unter Frauen besteht, bereit, im Auto auf mich zu warten.

»Mach dir keine Sorgen«, beruhigt sie mich, bevor ich aussteige, »es wird schon schief gehen!«

Mein Herz klopft zum Zerspringen. Ich klingle. Ich versuche, meine Nervosität zu unterdrücken, und zwinge mich zu einem Lächeln. Schritte. Die Tür geht auf.

»Hallo, da bist du ja.«

Wir begrüßen uns mit einem flüchtigen Kuss auf den Mund wie immer. Ich folge ihm in den ersten Stock hinauf, wo er mir mit einer weit ausholenden Handbewegung seine Bude zeigt.

»Willkommen in der Höhle des Löwen!«

»Hübsch hast du's hier«, stammle ich und ähnliche Plattheiten. Es ist ein schlichter, spärlich möblierter Raum. An der einen Wand hängt ein großes Poster von Eddy Mitchell. Ein Tisch, ein wackliger Stuhl, in der Ecke eine Waschgelegenheit, das Bett.

Panik überkommt mich beim Anblick der einfachen Anbauliege mit dem Mahagonifurnier, der schon etwas fadenscheinigen geblümten Tagesdecke, dem Kopfkissen, in dem noch die Vertiefung des Kopfes zu sehen ist. Darüber ein Bücherbord mit ein paar nichts sagenden Bänden.

Hier wird es gleich passieren, in einer Viertelstunde oder in einer halben …

Yvon ist überaus zärtlich. Wir haben uns aufs Bett gesetzt. Er bräuchte mich nur auf die Matratze zu drücken, und dann gäbe es kein Zurück mehr. Dann würde ich den letzten Schritt tun müssen.

Ich küsse ihn lange, stürmisch, um den verhängnisvollen Augenblick noch ein wenig hinauszuzögern. Ich bin auf einmal wieder unsicher. Eine sanfte Wärme durchflutet mich. Hinter meinen geschlossenen Lidern flammen Sterne auf und verlöschen wieder. Mir ist schwindlig.

»Ich liebe dich«, stößt er rau hervor.

»Ich dich auch«, flüstere ich.

Nicht nur mein Mund, mein ganzer Körper spricht. Yvons Hände gleiten über meine Schultern, meine Brust und tiefer. Er schiebt mein Kleid hoch.

»Nein, nicht«, hauche ich.

Er versteht es falsch und denkt, ich hätte meine Meinung geändert. Ich erkläre ihm, weshalb ich mich nicht ausziehen will. Weshalb ich mich nicht ausziehen kann.

»Es ist mir peinlich … Das ist das erste Mal für mich … Kannst du das verstehen, Liebster?«

Er versteht es. Seine Hand tastet sich unter meinem Kleid bis zu meiner Scham. Die intime Berührung habe ich ihm noch nie zuvor erlaubt. Für den Bruchteil einer Sekunde fürchte ich, er könnte mich unförmig, abstoßend finden. Aber seine liebkosende Geste verrät zu keinem Augenblick Abscheu oder auch nur Erstaunen über meine Speckfalten. Und ich, ich denke überhaupt nicht mehr darüber nach. Seine zärtliche Hand hat energisch alle meine Bedenken und meine Komplexe hinweggefegt.

Ein elektrisierendes Gefühl durchfährt mich. Mein Atem geht schneller. Ich fange an zu keuchen und möchte schreien und stöhnen zugleich. Nie zuvor habe ich etwas Ähnliches empfunden. Eine Welle brandet über mich hinweg, reißt mich mit sich. Ich ertrinke, aber nicht mehr vor Verzweiflung oder Enttäuschung, sondern in einer Woge des Glücks, der Lust, der Ekstase.

Ich spüre praktisch keinen Schmerz, als Yvon in mich eindringt. Das Vergnügen, das mir seine Hand bereitet hat, nimmt an Intensität zu, wenn auch auf einer anderen Ebene. Ich lasse mich tragen, forttragen von den unbeschreiblichen Empfindungen, die mich durchströmen, und versuche gar nicht mehr zu analysieren, was mit mir geschieht. Ich wünschte nur, es ginge nie zu Ende.

»Jetzt bist du eine Frau.«

Hat er diese Worte wirklich gesagt, als wir uns, ermattet, aber von tiefer Befriedigung erfüllt, endlich voneinander lösten? Ich weiß es nicht.

Vielleicht spielt mir mein Gedächtnis einen Streich. Vielleicht auch nicht. Einerlei. An jenem Sonntag im Juni 1969 machte Yvon mich in einem nüchternen, fast unpersönlichen Zimmer in einem Pariser Vorort zur Frau. Die Sonne schien durchs Fenster auf das zerwühlte Bett, in dem wir eng umschlungen ausruhten.

»Wenn du wüsstest, wie sehr ich dich liebe«, flüsterte ich.

Ich hätte ihm gern gesagt – und könnte es heute nur wiederholen –, dass dieser Tag der schönste in meinem Leben war. Dass er etwas rehabilitiert hatte, was gemäß den Normen und Kriterien dieser Gesellschaft verpönt war: meinen Körper.

Ein Mann hatte ihn geliebt, diesen von einer erdrückenden Mehrheit von voreingenommenen Dummköpfen beschimpften, verspotteten, geächteten Körper, der mir so verhasst gewesen war. Er hatte ihn geliebt, weil er mich liebte.

Falls du diese Zeilen lesen solltest, Yvon, wo du heute auch sein magst, du sollst wissen, du warst meine schönste Liebesgeschichte.

Du warst sogar noch sehr viel mehr für mich.

11. KAPITEL

»Was essen Sie zum Frühstück, Mademoiselle?«

Das fängt ja gut an.

Die erste Frage des ehrenwerten Herrn Professor, seines Zeichens Endokrinologe und was weiß ich nicht noch alles am St. Louis-Krankenhaus, betrifft selbstverständlich meine Essgewohnheiten. Von nichts kommt nichts, das weiß jeder. Auch er. Korpulenz hat ihre Ursachen im zwanghaften Griff zu Messer und Gabel und in hemmungslosen Geschmacksknospen.

Wer dick ist, frisst eben wie ein Scheunendrescher, schlägt sich den Bauch voll, stopft wahllos alles in sich hinein. Es gibt unzählige Ausdrücke für den Begriff »essen«, und sehr viele spiegeln Verachtung und Abscheu wieder. Und falls es dennoch nicht genug sein sollten, erfindet man neue.

Ungeachtet seiner Titel und akademischen Würden stellt der Herr Professor, von dem ich mehr Feinfühligkeit erwartet hätte, keine Ausnahme dar. Er ist genau wie alle andern, wenn nicht noch schlimmer. Überheblich, verächtlich, selbstsicher. Und ich bin in seinen Augen hässlich, widerlich, lasterhaft.

»Ich trinke nur Kaffee zum Frühstück, Herr Doktor. Schwarz und ohne Zucker.«

»Und das ist alles?« Die Ironie ist unüberhörbar. Ein kleines, vielsagendes Lächeln spielt um seine Mundwinkel.

»Ja, das ist alles«, antworte ich so aufrichtig, wie ich kann.

Es ist schrecklich, sich ständig rechtfertigen, immer wieder Zweifel an seiner Glaubwürdigkeit zerstreuen zu müssen, weil man jener wohl bekannten Bruderschaft von Lügnern und lasterhaften Menschen zugerechnet wird.

Die Hand des Professors saust auf die Akte vor ihm auf dem Schreibtisch herab. »Sie wollen sich wohl über mich lustig machen!«

Er hebt die Stimme, schnauzt mich an. Was will er denn hören?

»Herr Doktor, ich schwöre Ihnen, ich trinke morgens nur eine Tasse Kaffee. Unmittelbar nach dem Aufstehen kann ich gar nichts essen.«

»Das sagen alle Übergewichtigen! Wenn man euch hört, könnte man meinen, ihr ernährt euch wie Spatzen: hier ein paar Krümel, dort ein Salatblatt. Sie brauchen sich doch bloß anzusehen, Mademoiselle! Also hören Sie auf, mich anzulügen.«

Jetzt reicht es mir. Mit Vorurteilen und Vorverurteilungen dieser Art bin ich während meiner ganzen Kindheit konfrontiert worden. Den Tränen nahe, stehe ich auf, schnappe meine Jacke, die über der Stuhllehne hängt, und marschiere zur Tür.

»Mademoiselle!«

Ich werde nicht eine Sekunde länger in diesem verdammten Krankenhaus bleiben. Wie habe ich nur glauben können, dieses Mal würde alles anders werden! Sie sind alle gleich. Alle miteinander. Statt Verständnis – das man von einem Arzt schließlich erwarten darf – nichts als Böswilligkeit, Spott oder gar Kränkungen und Beleidigungen. Unter »behandeln« verstehen diese Sadisten, einen zu erniedrigen, bis man sich klein und mies fühlt. Einen noch tiefer in die Kacke zu drücken. Oder, wie in meinem Fall, in dieses beschissene Fett, damit man sich seiner Schande auch bewusst wird, seiner abstoßenden Abnormität, seiner Verderbtheit.

»Aber Mademoiselle, ich bitte Sie …«

Er macht Anstalten aufzustehen und mich zurückzuhalten. Seine Stimme nimmt einen begütigenden Ton an. Widerstrebend kommt ihm eine Art Entschuldigung über die Lippen.

Ich lasse mich erweichen. Einen Versuch kann ich ja machen. Schließlich war es meine Idee hierher zu kommen. Ausnahmsweise hat mich niemand dazu gezwungen.

Yvon ist vor gut vierzehn Tagen zum Wehrdienst einberufen worden. Wir sind seit über einem Jahr zusammen und sehr glücklich miteinander. Er ist zärtlich, aufmerksam, rücksichtsvoll – Eigenschaften, die man hinter seiner äußeren Erscheinung nicht vermutet. Zum ersten Mal in meinem Leben bin ich rundherum zufrieden. Endlich bin ich ich selbst.

Seit er mich zur Frau gemacht hat, spüre ich die Veränderung noch deutlicher. Den naiven Pummel, das schüchterne, gutmütige Dickerchen gibt es nicht mehr. Die neue Anne ist selbstbewusst, fröhlich, weiblich.

Meinen Freundinnen ist der Wandel natürlich nicht entgangen. Anfangs waren sie überrascht. Später enttäuscht oder auch eifersüchtig, je nachdem. Das Glück der einen ist für die andern nicht unbedingt ein Grund zur Freude. So als fürchteten sie, man könnte ihnen etwas wegnehmen. Und in gewisser Weise war es ja auch ein Verlust für sie, als plötzlich der Sündenbock fehlte, das fünfte Rad am Wagen, die Dicke, die man immer in Reserve hatte, falls ein Laufbursche oder eine Vermittlerin benötigt wurde.

Das ist jetzt vorbei, denn ich bin Yvons Freundin.

Und Yvon ist nicht irgendwer. Ich kenne etliche Mädchen, die liebend gern mit mir tauschen würden. So zärtlich er im Umgang mit mir ist, so grob kann er zu andern sein. Er geht keiner Schlägerei aus dem Weg. Als Anführer wird er von allen gefürchtet und respektiert. Wer sich mit mir anlegt, bekommt es mit ihm zu tun, das wissen alle.

Als er fortfährt, verliere ich den Halt. Plötzlich komme ich mir hilflos vor. Von der Clique, die mich anödet mit ihrer Oberflächlichkeit, ziehe ich mich zurück. Ich bin viel allein und denke an ihn.

Zur Grundausbildung ist er in Dijon stationiert, und wir schreiben uns. Liebesbriefe, die sich für andere unbeholfen, lächerlich anhören mögen, mir jedoch Trost und Kraft spenden. Bald könnte er mich oft besuchen kommen, schreibt er. Ich habe Angst. Angst, dass er mich vergisst. Angst, eine Kluft könnte sich zwischen uns auftun. Angst, dass wir nicht mehr die gleichen sind, wenn wir uns wieder sehen …

Abends, in der Geborgenheit meines Jungmädchenzimmers, spiele ich immer wieder die gleiche Platte, einen Schlager von Johnny Halliday, der in jenem Jahr ein großer Hit war:

»Ich schreibe dir oft. Ich denke jede Sekunde an dich. Aber ich weiß nicht, ob du begreifst, wie sehr ich dich liebe.«

Worte, banale Worte, die man leicht dahinsagt, werden einige entgegnen. Ja, aber es waren unsere Worte. Genug, um auszudrücken, was wir füreinander empfanden. Außerdem spricht man nicht über die Liebe, man lebt sie, man erlebt sie, man stirbt daran. Das ist alles.

Ich schreibe dir.

Du schreibst mir.

Du fehlst mir. Du fehlst mir entsetzlich, Yvon.

Ich suche nach einer Ablenkung und mache, was man in solchen Fällen immer macht: eine Dummheit. Ich beschließe abzunehmen.

Warum? Keine Ahnung. Ich weiß wirklich nicht, was ich mir dabei gedacht habe. Ob ich mir überhaupt etwas dabei gedacht habe. Ich habe mir vorgenommen, meine Pfunde loszuwerden, wie man sich entschließt, eine neue Handtasche zu kaufen oder sich das Haar blond färben zu lassen. Aus einer Laune heraus. Es war die Art von gefährlicher Entscheidung, die man wider alle Logik trifft und an der man hartnäckig selbst dann noch festhält, wenn die Katastrophe unausweichlich scheint. Zu einem Zeitpunkt, da ich mich zum ersten Mal in meinem Leben richtig wohl fühle, da Yvon mich so liebt, wie ich bin, da ich akzeptiert werde, beschließe ich abzunehmen.

Mein Hausarzt versucht, mich von meinem Vorhaben abzubringen. Als es ihm nicht gelingt, überweist er mich an die Fachabteilung des St.-Louis-Krankenhauses. Ich lande in der Abteilung für Diabetiker, denn eine Station zur Behandlung Übergewichtiger gab es 1970 in keinem Krankenhaus. Ich bin die einzige Frau unter lauter Männern. Der behandelnde Arzt ist genauso hochnäsig und unsympathisch wie der Professor, bei dem ich zuerst war.

»Keine Sorge, Kleines, ich weiß, was Ihnen fehlt«, erklärt er mir selbstsicher.

Ich hasse seinen plump-vertraulichen Ton, diese herablassende Anrede. Ich kann ihn vom ersten Augenblick an nicht riechen, diesen dürren, langen Kerl mit dem runden, kleinen Mund und dem grauen Haar. Er hat mich mit einem flüchtigen Blick gestreift und weiß schon, was mir fehlt! Wenn es nicht so traurig wäre, würde ich schallend lachen. »Entweder du bist ein Genie, Alter, oder ein komplettes Arschloch«, würde ich ihm am liebsten an den Kopf werfen. Ich begnüge mich damit, es zu denken. Er wiederum denkt, ich sei zuckerkrank. Ich halte ihm ein Attest meines Hausarztes unter die Nase, demzufolge bei mir nie ein vermehrter Blutzuckergehalt festgestellt worden ist. Das interessiert den eingebildeten Pinsel nicht. Er ist überzeugt, er hat die Wahrheit für sich gepachtet. Und so werde ich einen ganzen Tag lang mit Zucker gefüttert, bevor ich mich den notwendigen Blutuntersuchungen unterziehen muss.

Die Behandlung erfolgt auf der Basis von Apfelkonfitüre. Ich muss kiloweise davon essen. Mir wird schon beim Anblick der Schälchen mit der klebrigen Masse speiübel. Und als Nachtisch bekomme ich Süßigkeiten aller Art, Kekse, schwer verdauliche Torten und Ähnliches.

Blutabnahme. Die Analyse ergibt keinen erhöhten Blutzuckerspiegel. Aber was sind schon Untersuchungsergebnisse gegen die Meinung eines Akademikers? Er hat gesagt, ich hätte Diabetes. Also habe ich Diabetes.

Zurück zur Apfelkonfitüre. Ich empfinde keine Übelkeit, keinen Abscheu mehr, nein, mich packt das kalte Grausen beim bloßen Anblick dieses widerlichen Fraßes. Dennoch überwinde ich mich und schlucke das Zeug tapfer hinunter,

unter den strengen Blicken der Krankenschwester, mit der nicht zu spaßen ist.

Jeden Morgen wird mir Blut abgenommen. Meine Arme sind bereits übersät mit blauen Flecken, meine Venen unauffindbar geworden. Also sticht man mir die Nadel erst in die Hände und zum Schluss auch noch in die Füße. Nachts kann ich trotz Beruhigungsmittel nicht mehr schlafen, so schmerzhaft sind die Blutergüsse. Ich werde nervös und reizbar. So kann es nicht mehr weitergehen!

»Wenn Sie mir nur noch ein einziges Mal Blut abnehmen, packe ich meine Sachen zusammen und verschwinde!«, brülle ich den alten Drachen an, der sich anschickt, mich ein weiteres Mal zu quälen.

Offensichtlich habe ich den richtigen Ton getroffen. Sie merkt, dass ich jeden Augenblick explodieren kann, und zögert. Ich habe sie tatsächlich verunsichert. Dabei ist sie es doch eigentlich gewöhnt, mit ihrer großen Klappe und ihrer Autorität alle Einwände resolut beiseite zu fegen. Wie angewurzelt steht sie da, die Nadel der Spritze nach oben gerichtet, als der Chefarzt mit seinen Assistenzärzten hereinschneit.

Die kommen mir wie gerufen! Bisher habe ich brav alles über mich ergehen lassen, habe ihre Schikanen und die unmenschliche Behandlung während ihrer morgendlichen Visite widerspruchslos hingenommen. Damit ist jetzt Schluss!

»Auf welche Form von Stoffwechselstörung deutet dieser Fall von Fettleibigkeit hin, Sowieso?«

Der allwissende Professor, tyrannischer Herr über Männer, Frauen und die Möbelstücke dieser Station, an denen seine Launen auszulassen er sich nicht scheut, hat den Satz noch nicht zu Ende gesprochen, als ich hochgehe wie eine Rakete.

»Kommen Sie mir bloß nicht so! Ich hab's satt, jeden Morgen die aufblasbare Puppe für Ihre pickligen Studenten zu spielen!«

»Aber ich bitte Sie, Kleines ...«

Das gibt mir den Rest. »Ihr ›Kleines‹ können Sie sich sparen! Mir steht's bis hier oben, mich begaffen und befummeln zu lassen, als wäre ich ein Stück Fleisch auf dem Markt! Ich kann Ihr blödes Gequatsche nicht mehr hören! Übergewicht! Fettleibigkeit! Scheiße! Mir reicht's! «

Die Assistenzärzte sind vorsichtshalber einen Schritt zurückgewichen. Zwei Krankenschwestern stecken neugierig die Nase zur Tür herein. Der Professor versucht es mit Autorität, Güte, Drohungen. Vergeblich. Ich habe nicht die Absicht, mich zu beruhigen, bevor ich nicht ein für alle Mal gewisse Dinge klargestellt habe.

Erst diese Sadistin mit ihrer Spritze, dann die Visite. Was zu viel ist, ist zu viel. Jeden Morgen tanzen diese Hanswurste hier an, betatschen mich und belegen mich mit allen möglichen Namen. Ich muss mich ausziehen, und sie stehen um mich herum und rufen: »Orangenhaut! Fettwülste! Hypertrophie hier und Hypertrophie da!« Ich bin für sie ein wandelnder Katalog von Monstrositäten. »Beachten Sie die Form der Schenkel, meine Herren!« Ein menschliches Wörterbuch des Abnormen. Eine Enzyklopädie all dessen, was man nicht sein soll ...

Ich schreie, könnte aber ebenso gut zu weinen anfangen. Sie verstehen nicht, was schrecklich daran ist, zwanzig Jahre alt zu sein und ihre Hände, ihre Blicke auf meiner nackten Haut zu spüren und mir ihre Kommentare, ihre halblauten scherzhaften Bemerkungen anzuhören? Sie sind die Ungeheuer! Nicht ich!

Mit jeder Visite bröckelt meine armselige Selbstachtung ein bisschen mehr. Yvon hat mir einen Körper gegeben. Sie nehmen ihn mir wieder weg, scheibchenweise. Sie sperren mich von neuem in das Gefängnis meines Fetts. Ist das ihre Auffassung von Behandeln und Heilen? Entspricht das ihrem Verständnis des Arztberufs? Ich schäme mich für meine unförmige Figur. Aber ich schäme mich auch für sie, für diese Gesellschaft, die sie hervorgebracht hat, damit sie festlegen, was normal ist und was nicht. Ich schäme mich, und ich verabscheue sie.

»Aber, aber ...« Der Halbgott in Weiß hält inne, wirft einen Blick auf die Patientenkarte am Bett, auf der mein Name steht. Der ihn bisher nie gekümmert hat. Für ihn war ich eine Krankheit, ein interessanter Fall. Ein Anschauungsobjekt für seine Studenten.

»Meine liebe Anne ...«

Gib dir keine Mühe, ich bin fertig. Erschöpft und ausgelaugt nach meinem Wutausbruch, fange ich tatsächlich zu weinen an. Ich spüre wieder den brackigen Geschmack der Verzweiflung auf der Zunge, den ich schon vergessen hatte. Den Yvon mir vergessen half. Und jetzt ist er weit fort, in seiner Kaserne. Ich weine um uns beide.

Wenigstens ist mein Tobsuchtsanfall nicht umsonst gewesen: Die Apfelkonfitüre wird abgesetzt, Blut wird mir auch keines mehr abgenommen. Und die demütigenden Visiten werden eingestellt. Wahrscheinlich haben sie ein Opfer gefunden, das nicht ganz so empfindlich ist.

Und wozu der ganze Zirkus? Nur um herauszufinden, was ich von vornherein wusste: Ich habe keinen Diabetes.

Ich will abnehmen. Also stellt man eine Diät für mich zusammen: täglich dreißig Gramm Rindfleisch und Wasser, und das fünf Wochen lang. Das ist zwar kein Zuckerschlecken, aber ich habe nun einmal beschlossen, meine Pfunde loszuwerden, und dabei bleibt's.

Meine Pfunde sind genauso hartnäckig wie ich. Obwohl ich nur eine unerhebliche Menge Nahrung zu mir nehme, geht es meinem Übergewicht prächtig. Nach fünfunddreißig Tagen Martyrium habe ich knapp vierundzwanzig Pfund abgenommen. Vom Essen kann meine Körperfülle also kaum herrühren.

Dieses Eingeständnis würde ich zu gern aus dem Mund meines hochnäsigen Professors hören. Das würde mich wenigstens ein bisschen für die entbehrungsreiche Zeit entschädigen.

»Nun, Herr Doktor, was fehlt mir denn Ihrer Meinung nach?«, stichele ich. »An der Ernährung kann es nicht liegen, dass ich so dick bin. Welche Krankheit habe ich also?«

Er antwortet nicht. Oder murmelt nur etwas Unverständliches vor sich hin. Reagiert gereizt. Lässt seine schlechte Laune an einer armen Krankenschwester aus, die sich zufällig in Reichweite befindet. Gelegentlich verleiht ihm seine Arroganz die Gelassenheit, mir zu entgegnen: »Diese Reaktion ist völlig normal. Der Prozess braucht seine Zeit, um in Gang zu kommen. Vertrauen Sie mir, Kleines …«

Damit wendet sich der allwissende Halbgott in Weiß ab und dem nächsten, gläubigeren Patienten zu. Und ich breche in schallendes Gelächter aus, als sich die Tür hinter ihm schließt.

Fast fünf Wochen Schinderei und lediglich zwölf kleine Kilogramm sind mühsam geschmolzen. Sieht ganz so aus, als hätte sich der Prozess in eine falsche Richtung bewegt – in eine Sackgasse nämlich. Wenn mein gelehrter Professor das auch nicht offen zugeben mag, so kann er doch nicht umhin, sich den Tatsachen zu beugen. Und so teilt man mir mit, die Behandlung sei abgeschlossen, und ich könne nach Hause gehen.

Kommt überhaupt nicht in Frage! Ich habe mir in den Kopf gesetzt abzunehmen, also werde ich abnehmen. Dass das ein für alle Mal klar ist. Nur weil dieser grauhaarige Wichtigtuer keine Ahnung hat, ist mein Fall deshalb noch lange nicht hoffnungslos. Er versucht angesichts meines Starrsinns gar nicht erst, mich zum Aufgeben zu bewegen, sondern überweist mich an eine Privatklinik im Pariser Raum, die auf angewandte Diätetik spezialisiert ist.

An einem schönen Julimorgen fahre ich dorthin und finde ein Fleckchen von paradiesischer Schönheit vor. Kein Vergleich mit dem veralteten, schmutzig grün getünchten Krankenhaus, in dem ich vorher war, dieser kalten Lagerstätte für krankes Fleisch, das mit seinen hohen Mauern, die den Lärm der Stadt praktisch ungefiltert durchließen, eher einem Gefängnis als einem Hort der Humanität und der Fürsorge glich. Hier herrscht ländliche Stille. Der Wind raschelt in den Espen und Ahornen rings um die Gebäude. Eine saubere, kraftspendende Sonne flutet durch die großen Fenster herein. Das Personal ist tüchtig und von unaufdringlicher Zuvorkommenheit. Was für ein Unterschied zu dem aufgeblasenen Professor und seiner kratzbürstigen Oberschwester!

Darüber hinaus habe ich eine ganz reizende Zimmergenossin. Sie heißt Joëlle ist knapp über zwanzig und aus dem gleichen Grund hier wie ich. Als ich sie nach ihrem Gewicht frage, lacht sie schallend.

»Keine Ahnung!«

»Du weißt nicht, wie viel du wiegst?«

»Die Skala auf meiner Waage geht nur bis einhundertzwanzig wie bei allen handelsüblichen Waagen«, erwidert sie achselzuckend.

Joëlle ist die fröhliche Zuversicht in Person. Nach außen hin jedenfalls. Aber was heißt das schon. Vielleicht ist ihr Optimismus, ihr Frohsinn nichts als Fassade, und dahinter verbirgt sich rabenschwarze Verzweiflung. Ich weiß, wovon ich spreche. Wie dem auch sei, wir verstehen uns prächtig.

Wir haben beide zur gleichen Zeit mit der Behandlung angefangen. Ich bin überrascht, dass wir wie ganz normale Menschen verköstigt werden. Während ich im Krankenhaus praktisch nichts zu essen bekam, nehme ich hier drei Mahlzeiten am Tag ein, kalorien- und vitaminreiche, nahrhafte Kost. Auf meine Frage wird mir erklärt, jede Kur beginne so. Danach werde für jeden Patienten ein spezieller, nach ausgeklügelten Methoden erstellter Diätplan aufgestellt, mit dessen Hilfe unser Gewicht mehr oder weniger mühelos und ohne Hungern reduziert werden soll.

Nach ein paar Tagen tritt tatsächlich eine Änderung ein, in Form von »Schocks«, wie sie es nennen. In regelmäßigen Abständen wird unsere gewohnte Kost für einen Tag abgesetzt und zum Beispiel durch Jogurt ersetzt. Zwei Becher morgens, zwei mittags, zwei abends, das ist alles. Der Organismus wird dadurch auf Trab gebracht, und man verliert mindestens zwei Pfund, vorausgesetzt, man bleibt liegen. Joëlle und ich befolgen die Anweisungen genauestens.

Und wirklich: Unsere Pfunde schmelzen, langsam, aber sicher. Zu langsam für unseren Geschmack. Das Ganze dauert uns viel zu lange.

»Wir könnten die Sache doch beschleunigen«, sagt meine Bettnachbarin eines Tages. Sie schlägt vor, die Anzahl der vom Pflegepersonal angeordneten »Schocks« zu verdoppeln, und ich bin einverstanden. Warum nicht, wo die Methode doch so hervorragend funktioniert. An den »normalen« Tagen essen wir genug, um den »Schock« verkraften zu können. Gesagt, getan. Das Essen wandert in den Mülleimer, und wir besorgen uns stattdessen ein paar Becher Jogurt oder andere Milchprodukte. Wenn uns der Magen zu sehr knurrt, greifen wir zu Appetitzüglern, die großzügig ausgegeben werden.

Wir schlucken in unserem Selbstbehandlungswahn alles, was in Illustriertenanzeigen als gewichtsreduzierend angepriesen wird: Abführmittel, Wundermittelchen, Amphetamine, die zu jener Zeit noch nicht so hießen und frei verkäuflich waren. Uns ist alles recht, sofern es nur unser verwünschtes Fett verschwinden lässt.

Abnehmen nach der exklusiven Joëlle-und-Anne-Methode. Mit Erfolgsgarantie! Nach knapp sechs Monaten habe ich gut sechzig Pfund abgenommen. Ich wiege nur noch fünfundsiebzig Kilogramm und passe mühelos in Kleidergröße 46. Noch nie bin ich so schlank gewesen.

»Triumph? WAHNSINN!«

Welcher Teufel hat mich bloß geritten? Wie konnte ich mich nur auf so eine Idiotie einlassen?

Ich bin nicht wiederzuerkennen. Meine Haut hat die wächserne Blässe einer Toten. Mein Gesicht ist eingefallen, erschlafft wie das Leder einer alten Handtasche mit ausgeleierten Nähten. Meine Augen liegen gespenstisch tief in den Höhlen. Und von meinem Haar will ich gar nicht erst reden. Durch die mangelhafte Ernährung ist es schütter und stumpf geworden, brüchig und spröde. Unfrisierbar. Mein ganzer Körper hat unter der Radikalkur gelitten, überall hängt die Haut schlaff herab. Ich sehe aus wie eine jener Dicken in den Witzzeichnungen, die zu lange in der Sauna geblieben ist. Hässlich, abstoßend, grausig! Ich erschrecke, wenn ich in den Spiegel schaue. Bin ich das? Ich kann es nicht glauben.

Abgesehen davon habe ich mir meine Gesundheit ruiniert. Mein Blutdruck ist dramatisch gesunken. Zwei- oder dreimal bin ich zusammengebrochen, als ich aus dem Bett aufstehen wollte. Die Krankenschwester zeigt sich nicht sonderlich beunruhigt. Sie gibt mir Tabletten und irgendwelche kreislaufstabilisierenden Tropfen und meint, das würde schon wieder in Ordnung kommen.

Im Lauf der sechs Monate habe ich nicht ein einziges Mal erlebt, dass sie die Fassung verloren hätte. Heute weiß ich, was es mit ihrer Güte und ihrer Fürsorge auf sich hatte. Pure Heuchelei. Ich nehme an, sie wusste bestens über unsere gefährliche Abmagerungskur Bescheid. Aber weshalb hätte sie eingreifen sollen? Wir sind aus freien Stücken in dieser Klinik, wir können nach Belieben über uns verfügen, Risiko hin oder her, solange nur die Kasse stimmt.

Unser Fett ist Gold wert!

Das menschliche Wesen, das sich darunter verbirgt, das sich davon befreien will, wie ein Unschuldiger die Gefängnismauern niederreißen möchte, hinter denen er erstickt, unsere Seele, unser Herz, das alles kümmert sie nicht. Bezahlen Sie, nehmen Sie ab, so viel und so lange Sie wollen, bezahlen Sie, und auf Wiedersehen.

Ich habe bezahlt. Ich habe Qualen ausgestanden. Ich wollte mich eines Teiles meines Körpers, den ich als überflüssig betrachtete, entledigen, um der Gefangenen in mir die Freiheit zurückzugeben.

Misserfolg auf der ganzen Linie.

Der seelische Schaden ist schlimmer als alles andere. Ich erkenne mich nicht wieder in meinem Körper und noch viel weniger in meinem Kopf. Solange ich dick war, hatte ich eine Identität: Da wohnte jemand in mir, der ums Überleben als Person, als eigenständiges Wesen kämpfte. Ich hatte ein Herz. Und jetzt? Ich weiß nicht, was mit ihm passiert ist während dieser teuflischen Kur, aber es ist nichts Gutes. In meinem Wahn bin ich sogar so weit gegangen, mir einzureden, dass ich das alles ja nur für Yvon tue. Wie kann man sich selbst nur so belügen?

Yvon liebte mich, wie ich war. Ich konnte lachen und fröhlich sein, ich lebte intensiver als die andern, die »normalen« Mädchen, und ich glaube, das war es, was ihm an mir gefiel. Und da nehme ich seine Liebe als Vorwand für meine Dummheit! Nein, ich habe es nicht für Yvon getan.

Heute, da ich die Illusion, eines Tages so zu sein wie alle andern auch, endgültig begraben habe, weiß ich es. Ich habe meine Gesundheit und mein seelisches Gleichgewicht aufs Spiel gesetzt, weil ich zwanzig Jahre lang dem ständigen Druck einer Gesellschaft ausgesetzt war, die verbindliche Normen für unser Verhalten, unsere Moral, ja sogar für unser Idealgewicht festlegt.

Irgendwann konnte ich diesem Druck nicht mehr standhalten.

Zu einem Zeitpunkt, da ich meinen Körper endlich zu akzeptieren begann, da ein geliebter Mensch ihn liebte, da das Ende des Tunnels in Sicht war, beugte ich mich den unheilvollen Kräften, die ein komplexbeladenes Geschöpf aus mir gemacht hatten.

Das war der folgenreichste Irrtum meines jungen Lebens.

Nichts ist umsonst auf Erden. Für alles muss man bezahlen. Insbesondere für seine Fehler. Warum sollte es mir anders ergehen?

12. KAPITEL

»Ich hab's satt!«

Joëlle, die mir gegenübersitzt, lächelt mir zu, einfältig, wie nur sie das kann.

Die Hausordnung der Klinik, in der unser Fett in Gold verwandelt wird, ist sehr großzügig. Wir dürfen jederzeit Besuch empfangen und nach Belieben ausgehen. Meine Bekannte und ich machen reichlich Gebrauch von diesem Recht.

An jenem Samstagvormittag vertreiben wir uns die Zeit in einem kleinen Café unweit der Klinik, das wir öfter besuchen. Éliane, meine Freundin aus Savigny, ist auch gekommen. Sie hat ihren Freund mitgebracht, einen triefäugigen kleinen Blonden mit biberähnlich vorstehenden Schneidezähnen und einer nervtötenden Vorliebe für hochtrabendes Geschwätz.

Joëlle ist selig. Vor ungefähr vierzehn Tagen habe ich ihr einen flüchtigen Bekannten namens Christian vorgestellt, und zwischen den beiden hat es gefunkt. Es soll nicht bei einem Flirt bleiben: Sie sind inzwischen seit zwanzig Jahren glücklich verheiratet und haben zwei wunderbare, bildhübsche Töchter.

Ich habe niemanden. Ich bin das fünfte Rad am Wagen. Ich fühle mich elend und langweile mich entsetzlich.

Und es kommt, wie es immer kommt, wenn ich mich in einer solchen Situation befinde: Ich nehme die erstbeste Herausforderung an.

Und mache eine Riesendummheit.

Ich lasse mich auf eine alberne Wette ein, wie alle Mädchen sie irgendwann einmal abschließen, aus Geltungsbedürfnis oder reiner Langeweile: den ersten Jungen anmachen, der zur Tür hereinkommt. Zeitvertreib ausgelassener Jugendlicher. Eine kleine Aufwertung des Selbstbewusstseins, harmlos und ohne Konsequenzen.

Nicht in meinem Fall. Die absurde Wette sollte sich verhängnisvoll auf mein weiteres Leben auswirken.

Yvon ist noch immer beim Militär. Monate sind seit seiner Einberufung vergangen. Zu Beginn schrieben wir uns glühende Liebesbriefe. Er fehlte mir, ich fehlte ihm. Seitenlang beteuerten wir einander, dass wir es kaum erwarten könnten, uns wieder zu sehen. Und wenn er dann auf Urlaub kam, fühlten wir uns im siebten Himmel.

Aber die Zeit hat unser Glück ausgehöhlt.

Yvon ist immer seltener gekommen. Er handelt sich eine Strafe nach der andern ein, weil er, aufbrausend und starrsinnig, wie er ist, sich der strengen Disziplin nicht fügen kann. Zu guter Letzt wird er in ein Strafbataillon abkommandiert. Schikanen und praktisch kein Urlaub mehr …

Er vergisst mich jedoch nicht. Im Gegenteil: Sein hartes Los bringt ihn mir eher noch näher. Aus seinen Briefen spricht eine leise Verzweiflung. Ich fühle, wie sehr er leidet, auch wenn er es nicht zugibt. Und anstatt ihm beizustehen in dieser schweren Zeit, reagiere ich trotzig wie ein verwöhntes Kind. Ich nehme es ihm übel, dass er sich nicht besser in der Gewalt hat und durch seine impulsive Art, seinen Stolz und seinen Freiheitsdrang seinen Urlaub aufs Spiel setzt, jene seltenen Augenblicke, in denen wir, um unserer Liebe willen, zusammen sein können.

Meine Abmagerungskur mit ihren verheerenden physischen, vor allem aber psychischen Folgen hat alles noch verschlimmert. Verstört, in jeder Hinsicht unzufrieden mit mir selbst, habe ich meinen Unmut an dem Menschen ausgelassen, der mir der liebste auf der Welt war: an meinem zärtlichen Rocker. Der mich verstanden und glücklich gemacht, der mir Selbstvertrauen gegeben hatte.

Ich vergaß Yvon.

An jenem Samstag habe ich in der schäbigen kleinen Kneipe, die ich heute noch in allen Einzelheiten vor mir sehe, aus dummer Angeberei mein Glück weggeworfen.

Der erste Junge, der zur Tür hereinkommt …

Es ist der Postbote! Derselbe, der mir mit einem verständnisinnigen Lächeln die Liebesbriefe meines Soldaten überbringt. Er heißt Alain. Wir haben gelegentlich ein paar Worte gewechselt, »guten Tag«, »auf Wiedersehen«, »schönes Wetter heute«. Unverbindlichkeiten, nichts weiter.

Sieh an, noch ein Dunkelhaariger, habe ich mir gesagt, als er hereinkam. Nicht besonders originell, aber mir schien das ein gutes Omen zu sein. Außerdem hätte ich es sehr viel schlimmer treffen können. Er sieht alles in allem ganz gut aus. Ist ungefähr in meinem Alter. Lederjacke und betont männlicher Gang ist nicht sein Stil. Er ist eher der klassische Typ. An jenem Tag trägt er eine graue Stoffhose mit tadelloser Bügelfalte und ein braves, gestreiftes Hemd.

Nachdem er die letzte Post für diese Woche ausgetragen hat, trinkt er hier seinen Kaffee oder einen Aperitif und kauft sich eine Schachtel Zigaretten. Er ist von Natur aus schüchtern und nicht sehr gesprächig und bleibt lieber an der Theke, statt sich zu den Stammgästen zu setzen.

»Tag, Alain. Willst du uns nicht Gesellschaft leisten?«

Verdutzt sieht er mich an. Stammelt: »Ich … ich möchte euch nicht stören …«

Die beiden Pärchen sind vollauf mit sich selbst beschäftigt. Alain interessiert sie nicht die Bohne. Verlegen schiebt er sich neben mich auf die Moleskinbank. Er hat nicht viel Platz zwischen der Wand und mir. Die Enge kommt meinen Plänen sehr entgegen.

Eine Weile sitzen wir schweigend nebeneinander, Schulter an Schulter, Schenkel an Schenkel. Sie hat sich ganz schön verändert, die verklemmte, zurückhaltende, ängstliche Anne … Ich spüre Alains Befangenheit. Stocksteif sitzt er da und wagt nicht, sich zu rühren. Ich amüsiere mich insgeheim darüber. Seine grünen Augen huschen unruhig hin und her und vermeiden es, mich anzusehen. Das Dumme ist nur, wo soll er hinschauen? Éliane und Joëlle schmusen hingebungsvoll mit ihren Freunden. Da kann man sich schon überflüssig vorkommen.

Meine Gedanken überschlagen sich. Im Kino damals hat Manuel die Initiative ergriffen. Yvon wenig später ebenfalls. Aber Alain ist nicht der Typ, sich an ein Mädchen ranzumachen. Er hat viel zu viel Angst vor ihnen. Also muss ich den ersten Schritt tun.

Er weiß nicht, was anfangen mit seinen Händen. Als er mich zufällig berührt, ziehe ich die Hand nicht etwa zurück, sondern schließe die Finger um seine.

Er gerät in Panik. Zitternd versucht er sich aus dieser heiklen Situation zu befreien. Aber nur einen kurzen Moment lang. Anscheinend denkt auch er blitzschnell nach. Und gelangt offensichtlich zu dem Schluss, was für ein unerhörter Glücksfall das doch für einen schüchternen Jungen ist, ein Mädchen, das den Annäherungsversuch macht.

Und so habe ich Alain erobert, den Postboten, der mein Mann werden sollte. Kurz und schmerzlos, sozusagen zwischen Tür und Angel. Als Folge eines leicht dahingesagten Satzes und meiner kindischen Neigung zur Provokation.

Wie viel im Leben hängt von einer unbedeutenden, lächerlichen Kleinigkeit ab, statt von scheinbar unumstößlichen Entschlüssen oder Schwüren ewiger Liebe!

Meine Mutter hat mich gewarnt.

»Glaubst du wirklich, dieser Alain ist der Richtige für dich?«

Sie konnte ihn vom ersten Augenblick an nicht leiden. Ich weiß nicht, warum. Weibliche Intuition? Mütterlicher Instinkt? Dabei gab es nichts, was sie ihm hätte vorwerfen können. Oberflächlich betrachtet, stellte er sogar mehr dar als Yvon.

Yvon ist ein Halbstarker, ein Langhaariger. Das ist zu jener Zeit in unseren Kreisen etwas Negatives. Alain dagegen ist ein ordentlicher junger Mann, höflich, rücksichtsvoll, aufmerksam. Und er ist bei der Post, hat einen sicheren Arbeitsplatz. Mit einem Wort, der ideale Schwiegersohn. Dennoch zieht Mama – ausgerechnet sie, die so großen Wert auf Konventionen legt, die so auf die Meinung anderer und die Wahrung des Scheins bedacht ist – den Rocker vor.

»Yvon ist labil, Mama.«

»Ach was! Er ist noch jung, das legt sich mit dem Alter …«

»Ich brauche Sicherheit, Geborgenheit. Wenn er nur ein einziges Mal an mich, an uns gedacht hätte, hätte er sich nicht so unmöglich benommen, dass man ihn zu einem Strafbataillon abkommandiert.«

Sie verteidigt ihn, ich verteidige meinen Entschluss. In Wahrheit belüge ich mich selbst. Ich mache mir etwas vor.

Verrenne mich immer mehr. Vor allem aber fühle ich mich schrecklich elend in meiner Haut. Das bin nicht ich, Anne, die die Entscheidungen trifft. Das ist eine Fremde, bestehend aus fünfundsiebzig allzu neuen Kilogramm, die ein ganzes Leben einfach abstreift und wegwirft. Ich werde zur Verräterin. Man kann es nicht anders nennen.

Als Yvon nach dem Wehrdienst zurückkommt, ist er verändert. Gezeichnet von den Schikanen, denen er ausgesetzt war. Verwirrt, hilflos. Ich bin blind und taub für seine Nöte. Er weiß nichts von meinem neuen Flirt. Keine wohlmeinende Freundin hat ihn darüber aufgeklärt. Und ich zögere den verhängnisvollen Augenblick hinaus, im guten Glauben, ihn zu schonen. In der Hoffnung, die Sache werde sich von allein lösen …

Kurze Zeit nach seiner Rückkehr sagt er zu mir: »Wir könnten doch zusammenziehen.«

»Wie bitte?«

»Warum denn nicht? Wie mieten uns irgendwo eine kleine Wohnung. Dann können wir immer zusammen sein. Wär doch super, oder?«

Heutzutage nimmt die Zahl der jungen Leute, die unverheiratet zusammenleben, ständig zu, und niemand stört sich daran, auch nicht die Eltern. Im Gegenteil, sie helfen dem jungen Paar sogar noch bei der Finanzierung der Einrichtung. 1970 jedoch galt die »wilde Ehe« als unmoralisch und war verpönt.

»Meine Eltern würden das nie erlauben.«

»Na und? In ein paar Wochen bist du volljährig. So lange brauchen wir ohnehin, bis wir etwas Passendes gefunden haben. Und dann können sie dir nichts mehr verbieten.«

Ich habe nach Ausreden gesucht, habe Ausflüchte gebraucht. Ich wollte ihm nicht wehtun. Vielleicht fürchtete ich auch, er könnte gewalttätig werden, wenn ich ihm offen sagte, es war vorbei, weil es nun einen andern in meinem Leben gab.

Ob er auf Anhieb begriff, dass es zu Ende war, oder sich noch Hoffnungen machte, werde ich wohl nie erfahren. Erst viele Jahre später, nachdem meine Ehe gescheitert war, habe ich erkannt, was für ein Mensch Yvon wirklich gewesen war: stark und ungeheuer zärtlich, bereit, sich aus Liebe zu mir zu opfern für mein Glück. Er hat meinen Treubruch sicherlich geahnt und ihn stillschweigend hingenommen. Und dann taktvoll und diskret das Feld geräumt.

Meine Hochachtung!

Heute bedaure ich, das alles nicht viel früher erkannt zu haben. Aber ich war, ich sagte es bereits, mit Blindheit geschlagen. Yvon und ich hatten uns unmerklich voneinander entfernt. Sein Weg führte in die Traurigkeit und in innere Zerrissenheit, der meinige in einen schönen Wahn.

Alain, der Schüchterne, macht mir mehrere Monate lang den Hof. Jeden Tag legt er nach Feierabend fast vierzig Kilometer zurück, um mit mir zusammen zu sein. Das schmeichelt mir natürlich. Er umgibt mich mit großer Aufmerksamkeit, verhätschelt und verwöhnt mich wie noch nie jemand in meinem Leben.

Ich liebe ihn. Glaube ich zumindest. Damals sprach alles dafür, und wer hätte schon leugnen wollen, was klar zutage liegt? Davon ganz abgesehen kommt es zuweilen zu dramatischen Verwechslungen zwischen Offenkundigkeit und Missverständnis.

Am 18. Dezember 1971 haben wir geheiratet. Eine blasse, aber warme Wintersonne scheint auf den kleinen Platz vor der bescheidenen Kirche von Savigny. In den vergangenen Tagen war das Wetter neblig-kalt, und ich betrachte den blauen Himmel und den Sonnenschein als gutes Omen. Ich bin glücklich.

Als Mädchen habe ich am Arm meines Vaters die Kirche betreten, als Alains Ehefrau in guten wie in schlechten Zeiten verlasse ich sie wieder. Ich trage einen neuen Namen und male mir die Zukunft in den rosigsten Farben aus.

In meinem Kopf klingt noch der Hochzeitsmarsch, den ein blinder Musiker aus Paris auf der Kirchenorgel für uns gespielt hat. Es war eine wunderbare Zeremonie. Meine Eltern haben mir einen Zuschuss gegeben, damit ich mir einen Traum von einem Hochzeitskleid, maßgeschneidert, kaufen konnte. Nichts war zu teuer und zu schön für einen denkwürdigen Tag wie diesen.

Ich finde mich hübsch. Die andern auch. Ich habe wieder ein bisschen zugenommen, aber alle sagen, es steht mir gut. Alain an meiner Seite strahlt. In diesen feierlichen Minuten vergesse ich sogar die schrecklichen Bauchschmerzen, die mich seit Wochen quälen. Ich habe sie auf die allgemeine Aufregung geschoben, den Stress der Hochzeitsvorbereitungen, die Ungeduld, mit der ich meinem neuen Leben entgegenfiebere.

Ich bin eine junge Braut wie alle andern: überglücklich, leicht benommen; ein wenig verschüchtert, weil sich plötzlich alles um mich dreht, überwältigt von dem unbeschreiblichen Gefühl von Unwirklichkeit, in dem ich diesen einmaligen Augenblick erlebe.

Es ist noch gar nicht so lange her, da habe ich, die dicke, von allen verspottete Jungfrau, geglaubt, nie den Ring am Finger und den Brautschleier zu tragen. Ich hätte sie gern zu meiner Hochzeit eingeladen, die Lehrerinnen, Schulärztinnen und Quacksalber, die mir das Leben zur Hölle gemacht haben, um ihnen zuzurufen: »Hier, seht mich an, ihr Wichte! Ich bin schlank, ich bin schön, ich habe einen tollen Mann! Die Fette hat gewonnen! Na, was sagt ihr nun?«

Dieser Tag kam mir wie ein Traum vor, ein von einem bläulichen Schleier verhangener Traum, und ich habe mir gewünscht, er würde nie zu Ende gehen. Jede Frau wird mir das bestätigen. Eine Hochzeit ist etwas Wunderschönes, zart und heiter und doch kraftvoll zugleich. Der Beginn eines zweiten Lebens. Der Himmel hängt voller Geigen. Die Zukunft an der Seite des einen zeichnet sich hell und strahlend ab. Vorausgesetzt, der eine ist der Richtige …

Es ist schon ziemlich spät, als Alain und ich in unserer kleinen Wohnung in Villecresnes ankommen, leicht beschwipst vom Champagner und vom Tanzen. Alle haben mit der Braut getanzt, und ich habe es genossen.

Ein wenig atemlos, mit schelmischer Miene, lasse ich mich aufs Bett fallen. Alain, mein Mann, wie ich ihn von nun an ja wohl nennen muss, ist noch nebenan im Bad. Keine Ahnung, was er dort so lange treibt.

»Kommst du, Schatz?«, rufe ich mit einer Mischung aus Zärtlichkeit und Frivolität, lockend, wie eine verliebte Frau das in einem solchen Augenblick eben tut.

Keine Antwort. Vorhin war noch das Geräusch von fließendem Wasser zu hören, von Flakons, die auf- und wieder zugeschraubt und auf die Ablage zurückgestellt wurden. Jetzt ist es völlig still.

»Alain? Ist dir nicht gut?«

Ich muss plötzlich an Yvon denken, der jedes Fest zum Anlass nahm, sich zu betrinken. In der Hinsicht hatte ich bislang keinen Grund, mich über Alain zu beklagen. Selbst heute war er überaus vernünftig. Vielleicht ist es die Aufregung? Oder die Müdigkeit nach diesem anstrengenden Tag?

Zaghaft öffnet er endlich die Tür.

»Na, willst du nicht endlich zu deiner Frau ins Bett kommen?«, necke ich ihn.

Er antwortet nicht, weicht meinem Blick aus. Er hat sich nicht einmal ausgezogen. Die seltsamsten Gedanken schießen mir durch den Kopf. Ist er böse auf mich? Habe ich irgendetwas getan oder gesagt, was ihn verletzt hat? Er ist so schrecklich empfindlich. »Meinst du …«, beginnt er zögernd.

Lachend falle ich ihm ins Wort: »Meinst du, das ist der richtige Moment, um große Reden zu halten?«

Ich ziehe ihn zu mir aufs Bett herab. Schmiege mich an ihn. Will ihn küssen. Statt mich in die Arme zu nehmen, wendet er sich ab. Bevor er den Kopf wegdreht, sehe ich noch den Ausdruck von Panik in seinen grünen Augen.

»Meinst du, wir … wir müssen heute nach unbedingt … miteinander schlafen, bloß weil das unsere Hochzeitsnacht ist?«

Ich bin fassungslos, wie vom Donner gerührt. Von einer Sekunde zur andern finde ich mich auf dem harten Boden der Wirklichkeit wieder. Mein Blick schweift über den Schlafbereich, durch die Wohnung, die wir für uns, für unser Leben zu zweit eingerichtet haben. Auf einmal kommt mir alles so fremd vor. Das idyllische Landschaftsgemälde an der Wand. Mein Brautstrauß auf dem Resopaltisch. Die Tagesdecke, ein Geschenk von seiner Mutter. Die Nippesfigur auf dem Nachttisch, ein engumschlungenes Liebespaar darstellend.

Enttäuscht, verstört murmele ich achselzuckend: »Nein, natürlich nicht, aber …«

Er scheint erleichtert. Schweigend löscht er das Licht und zieht sich hastig, als wäre es ihm peinlich, im Dunkeln aus. Ich bin aufgestanden und schlüpfe aus meinem Brautkleid. Später habe ich irgendwo gelesen, es brächte Unglück, wenn die Braut ihr Hochzeitskleid selbst auszieht. Wahrscheinlich nur ein dummer Aberglaube, dennoch ist mir diese Nacht schmerzlich in Erinnerung geblieben, wie ein Stachel steckt sie mir im Fleisch. Meine Hände gleiten über die prächtige Robe, streifen sie ab, als wären es Lumpen. Dann über meinen Körper, der mir so viel Kummer bereitet hatte, der so oft zurückgestoßen worden war … Diese erniedrigende, erbarmenswerte Szene stellte viele Male den Auftakt zu Albträumen dar, die mich in den kommenden Jahren quälen sollten.

Irgendwann in dieser Nacht haben wir uns dann doch noch geliebt. Auf mein Drängen, meine Initiative hin. Eine Hochzeitsnacht ohne Liebesakt wäre mir wie eine gefährliche Herausforderung an unser künftiges Glück vorgekommen.

Es war schön mit Alain. Ich legte all die Liebe, deren ich fähig war, in meine Umarmung. Ich gab mich ihm völlig hin, gab mich selbst auf. Löschte mich aus.

Ich habe noch lange wach gelegen, nachdem er eingeschlafen war, und über den Abend nachgedacht. Unten ging die Haustür, wahrscheinlich ein Spätheimkehrer oder jemand, der früh zur Arbeit musste.

Das erinnerte mich an die vergangene Nacht, die letzte, die ich in der Wohnung meiner Eltern in Savigny verbracht hatte. In meinem Jungmädchenzimmer, dem ich meine Ängste und Sorgen, meine Träume und Hoffnungen anvertraut und von dem aus ich das kleine Licht in der Dunkelheit wahrgenommen hatte …

Es muss gegen vier Uhr früh gewesen sein, als jemand an der Tür klopfte.

Meine Eltern schliefen fest. Ich wollte schon aufstehen, um nachzusehen, wer das sein konnte um diese Zeit. Aber etwas hielt mich zurück. Dieses Klopfen am Tag vor meiner Hochzeit, vor meinem neuen Leben als verheiratete Frau, war das meine Vergangenheit, die mich einzuholen versuchte und Einlass begehrte?

Ich blieb liegen. Und hörte nichts mehr.

Vielleicht war es nur ein Traum gewesen.

Vielleicht war es Yvon gewesen, der ein letztes Mal versuchen wollte, mich vor einer nicht wieder gutzumachenden Dummheit zu bewahren.

Vielleicht aber auch nur ein Unbekannter, der sich einfach in der Tür geirrt hatte.

»Schluss jetzt!«

Ich ertrage es nicht mehr. Mir platzt gleich das Trommelfell. Mein Kopf dröhnt. Dieser Radau – das ist noch vornehm ausgedrückt – macht mich noch wahnsinnig!

»Aufhören!«, brülle ich aus Leibeskräften, um den Höllenlärm zu übertönen. »Ruhe!«

Alain, der Schlagzeug spielt, hat es gehört. Patrick, dieser Idiot, kratzt noch eine Weile auf seiner verdammten elektrischen Gitarre herum. Ich kann jammern, fluchen, keifen, ihn kümmert das nicht im Geringsten. Natürlich macht er das absichtlich, um mich zu provozieren. Er kann mich nicht ausstehen.

Mein Mann und sein Kumpel Patrick haben sich mit ihren Instrumenten im Mini-Badezimmer unserer mikroskopisch kleinen Wohnung in Villecresnes eingeschlossen. Das erscheint nicht nur surrealistisch, das ist es auch!

Eine Jazzbatterie mit großer Trommel, kleiner Trommel, Becken und was sonst noch dazugehört, nimmt viel Platz weg und ist schon sehr laut. Wenn sie dann noch von einer Gitarre verstärkt wird, die sie nach Möglichkeit an Lautstärke zu übertreffen sucht, ist die Schmerzgrenze erreicht.

Dummerweise sind die beiden Nichtskönner davon überzeugt, es mit den Beatles und Chuck Berry zusammen aufnehmen zu können.

Ich habe sie gefragt, wie sie sich das denn vorstellten, auf einem Raum von nicht einmal dreißig Quadratmetern. Sie haben mich ausgelacht.

»Was hast du gegen unsere Musik?«, hat Patrick mir entgegnet. »Gefällt sie dir nicht? Dein Pech. Üben wir eben im Badezimmer weiter. Du wirst schon sehen, eines Tages werden wir berühmt sein.«

Ja, ja, träumt ihr nur weiter.

Seine so genannte Musik hört sich an, als hätte man einer Kuh einen Topf am Schwanz festgebunden und sie dann über ein Geröllfeld gejagt.

Und Alain, dieser Waschlappen, sagt zu allem Ja und Amen. Ich werde nicht nach meiner Meinung gefragt. Dass dieses Höllenspektakel an meinen Nerven zerrt, mein Trommelfell ruiniert, das interessiert ihn überhaupt nicht.

Zum Glück haben wir tolerante Nachbarn. Bisher hat sich noch niemand beschwert. Unser Bad verstärkt den Schall schließlich wie ein Resonanzkörper, und die Leitungen, die durchs ganze Haus laufen, tragen den Radau bestimmt in die angrenzenden Wohnungen. Irgendwann werden wir Ärger bekommen.

»Wenn ihr nicht sofort aufhört, werfe ich eure Scheißinstrumente zum Fenster hinaus!«

Ich werde ordinär. Ich bin auf hundertachtzig und in diesem Augenblick zu allem fähig.

Patrick lässt sich dazu herab, die Tür einen Spalt zu öffnen. Er streckt den Kopf heraus, dieses verschlagene Affengesicht, und versucht, mich zu beschwichtigen. Aber die Ironie in seinen lahmen Entschuldigungen ist unüberhörbar. Das macht mich noch wütender. Ich drohe, ihn an die frische Luft zu setzen.

»Ach, nerv mich doch nicht, Alte …«, antwortet der Freund meines Mannes.

Ich dachte schon, er wollte sagen »Dicke«. Es stimmt schon, ich bin wieder fülliger geworden. Und höre hinter meinem Rücken wieder häufiger hinterhältige Anspielungen auf meine Figur.

Die Ehe bekommt mir nicht gut. Ganz allmählich beschleichen mich von neuem die alten Ängste, stellen sich die Qualen von einst wieder ein.

Dabei fing eigentlich alles ganz gut an. Vergessen war der Zwischenfall in unserer Hochzeitsnacht. Alain ist ein lieber Kerl und tut alles, um mich glücklich zu machen. Er ist vielleicht ein bisschen einsilbig, aber dafür bin ich ja umso gesprächiger, nicht wahr?

Das Leben, der Alltag geht weiter. Alle Jungverheirateten kennen die begnadete Zeit zu Beginn einer Ehe. Sie dauert unterschiedlich lang, doch man denkt immer, sie geht nie zu Ende.

Mit der Katzenmusik im Badezimmer könnte ich mich zur Not ja noch abfinden – wenn das nicht der berühmte Tropfen wäre, der das Fass zum Überlaufen bringt.

Mein Nervenkostüm ist dünn geworden. Die Abmagerungskur in der Privatklinik ist nicht spurlos an mir vorübergegangen: Meine Magenschmerzen treten immer häufiger auf. Es ist, als wühlte eine eiserne Klaue in meinem Bauch. Als würde ich von einem glühenden Messer durchbohrt. Die Schmerzen sind unerträglich. Und es gibt kein Mittel dagegen. Ich vertrage nicht einmal ein Glas Wasser. Mir wird sofort übel, und das Feuer breitet sich aus bis in die Speiseröhre und in den Mund. Ich werde von innen her aufgerissen. Überfällt mich der Schmerz nachts, liege ich starr vor Entsetzen im Bett und stelle mir vor, ein tollwütiger Krebs hause in meinen Eingeweiden. Er bahnt sich einen Weg durch meine Bauchhöhle, trennt hier ein Stück ab und schneidet dort etwas weg und frisst mich auf bei lebendigem Leib. Ich habe das Gefühl, die schaurige Fressorgie wird nie enden. Es ist furchtbar.

Manchmal wache ich auf, und mir ist entsetzlich schlecht. Brennender, ätzender Schweiß bedeckt mich. Als bekämpften sich meine Körperzellen gegenseitig und sonderten dabei eine säureähnliche Flüssigkeit ab.

Wie ich später erfahren habe, ist das eine häufig auftretende Reaktion nach fehlerhaft durchgeführten Abmagerungskuren. Der Organismus wehrt sich gegen den abrupten Nahrungsentzug und die unnatürliche Schrumpfung der Organe. Nur wer diese tausend Tode schon einmal gestorben ist, körperlich und seelisch, wird begreifen, was ich durchgemacht habe.

Hinzu kommt diese lähmende Müdigkeit.

Ich arbeite nach wie vor im Ministerium in der Rue de Tilsit. Die Fahrt dorthin ist lang und beschwerlich. Mit dem Bus zum Bahnhof. Von dort weiter mit der S-Bahn, die bis auf den letzten Platz gefüllt ist mit unfreundlichen, aggressiven Menschen. Dann umsteigen in die Metro, die genauso voll ist. Ein Weg von insgesamt gut drei Stunden, und das jeden Tag. Das bedeutet schon für einen gesunden, fröhlichen Menschen eine Qual, aber wenn man krank und depressiv ist wie ich, ist es ein wahres Martyrium.

Ich trauere dem alten Simca 1000 nach, den meine Eltern mir geschenkt hatten. Er hat leider den Geist aufgegeben. Und bis Alain und ich uns ein neues Auto leisten können, wird es noch eine Weile dauern.

Unentwegt laufe ich der Zeit hinterher. Morgens verlasse ich im Spurt das Haus. Abends gehe ich spät zu Bett, um wenigstens ein bisschen etwas von meinem Mann zu haben und zu versuchen, eine Ehe zu führen.

Eine Ehe führen?

Es hat Monate gedauert, ehe mir auffiel, wie eigenartig unsere Beziehung war. Alain ist wie gesagt die Aufmerksamkeit und Liebenswürdigkeit in Person. Seine Rücksichtnahme geht sogar so weit, dass ich das Gefühl habe, er bemüht sich um völlige Unauffälligkeit. So als wollte er ganz in den Hintergrund treten, unsichtbar werden. Er scheint nie wirklich anwesend zu sein. Meistens sitzt er still in irgendeiner Ecke, liest Zeitung oder denkt über irgendetwas nach. Nur wenn Patrick mit seiner Gitarre kommt, ist er wie ausgewechselt.

Im Bett – traurig, aber wahr – wirkt er noch blasser. Und ich bin ebenso unerfahren wie schüchtern. Vor ihm habe ich nur Yvon gekannt und unsere immer ein wenig hastigen

Umarmungen in seinem Zimmer in Vitry oder irgendwo, wo sich gerade eine Gelegenheit bot. Manchmal suche ich Alains Nähe, dann strecke ich die Hand nach ihm aus, berühre zärtlich seine Schulter, seinen Rücken. »Ich liebe dich …«

Ich lege meine ganze Zuneigung, mein ganzes Verlangen in meine Stimme. Er liebe mich auch, antwortet er jedes Mal. In einem Ton, der besagt, das verstehe sich von selbst, denn schließlich sind wir verheiratet und teilen Tisch und Bett. Und außerdem ist es schon spät, und morgen hat er einen langen Tag vor sich …

Wir schlafen nur ein-, zweimal im Monat miteinander, aber ich in meiner Unerfahrenheit halte das für normal. Ich habe ja keine Vergleichsmöglichkeiten. Und ich gehöre nicht zu den Frauen, die stundenlang mit ihren Freundinnen oder Kolleginnen über ihr Sexleben schwatzen und Erfahrungen austauschen.

Wir verleben aber auch schöne Stunden miteinander. An manchen Sonntagen zum Beispiel, wenn Patrick uns mit seinem Besuch verschont und meine oder seine Eltern uns zu sich eingeladen haben.

Seine Mutter ist eine fabelhafte Frau. Klein, mit pfeffer-und-salzfarbenem Haar. Ihr singender Tonfall und ihre vor Lebenslust sprühenden Augen unterstreichen noch ihre optimistische Ausstrahlung.

Ich glaube, sie hat mich genauso gern wie ich sie.

Wir lachen viel zusammen. Was mir an ihr besonders gefällt, ist ihre Offenheit, ihre Aufrichtigkeit. Ich weiß nicht, warum, aber bei Alain habe ich immer das ungute Gefühl, mich auf schwankendem Boden zu bewegen. Es ist wie eine Art gestörtes Gleichgewicht. Als stünde stets etwas Unausgesprochenes zwischen uns. Ein Paar auf einem straff gespannten Drahtseil – dieses Bild habe ich vor Augen, wenn ich an uns denke. Bei meiner Schwiegermutter dagegen finde ich offene Arme, ein offenes Herz, Heiterkeit, Freude, Geborgenheit.

Das Verhältnis zu meinen Eltern hat sich gewandelt.

Seit meiner Hochzeit betrachten sie mich nicht mehr als Kind, sondern als selbstständige, erwachsene Frau. Mama behandelt mich wie ihresgleichen, was mich einerseits freut, genauso wie die Tatsache, dass sie ihre anfängliche Abneigung gegen Alain überwunden zu haben scheint. Auf der anderen Seite, wahrscheinlich weil es mir gar nicht gut geht, wünsche ich mir, ich könnte wieder ihr kleines Mädchen sein.

An diesen Sonntagnachmittagen im Kreis der Familie sondere ich mich zuweilen ab und schlendere allein durch den Garten meines Vaters. Bewegt atme ich die Gerüche meiner Kindheit ein: den Geruch des frisch gemähten Grases, der regengetränkten Erde, des welken Laubs, das auf einen Haufen geschichtet und verbrannt wird, des blaugrauen Rauchs, der sich in der feuchten Herbstluft kräuselt.

Ich gehe über den schnurgeraden, sauber gejäteten Pfad, der durch Papas kleine Welt führt. Mein wortkarger, geheimnisvoller, starker Vater hat sich auch im Exil der Großstadt die von den Vorfahren ererbte Liebe zum Land bewahrt. Unweit von zu Hause hat er ein Fleckchen Land erworben, auf dem er Gemüse anbaut, Blumen züchtet und mehrjährige Stauden hegt. Es geht ihm nicht allein darum, mit Gemüse aus dem eigenen Garten den Speisezettel zu bereichern, sondern sich etwas zu schaffen, an das er sein

Herz hängen kann, das ihn davon bewahrt, ein seelenloser Vorstadtzombie zu werden …

Als ich ein Kind war, habe ich diese tief verwurzelte, heimliche Liebe nie verstanden. Heute schon. Unglücklich in meiner Ehe – obgleich ich mir das noch nicht eingestehe –, krank an Seele und Körper, finde ich im Garten meines Vaters ein Stück von mir wieder, das vom Leben nicht beschmutzt oder gedemütigt wurde.

Auf dem Dach des Gartenhäuschens am Ende des Wegs hockt ein gurrendes Taubenpärchen, das sich von mir nicht stören lässt. Zwei Spatzen streiten sich lautstark um die schwarzen Kerne einer verwelkten Sonnenblume. In Carcassonne, wo ich meine Kindheit verbrachte, wuchsen viele dieser riesigen Blumen.

Mir ist nach Weinen zumute. Und ich weiß nicht einmal, warum.

Ich spüre eine entsetzliche Leere in mir.

Ein Gefühl, als würde mir der Boden unter den Füßen weggezogen. Als stünde ich am Rand eines Abgrunds und etwas zöge mich in die Tiefe. Wohin hat mich der Weg, den ich seit meiner Kindheit zurückgelegt habe, denn geführt? Nirgendwohin. Ins Nichts. All der Kummer, all die bitteren Enttäuschungen, die das pummelige Kind, der schwerfällige, unbeholfene Teenager, die unverstandene Frau erlebten – wozu das alles?

Was habe ich denn noch zu erwarten? Trostlose Abende mit Alain, an denen sich die Müdigkeit nach einem ereignislosen Tag mit Langeweile paart. Eine neuerliche Gewichtszunahme mit allen mir vertrauten Begleiterscheinungen: Spott, Demütigung, Ablehnung. Ich befinde mich in einer ausweglosen Lage. Denn sobald ich abnehme, geht es mir hundeelend. Mein Körper protestiert aufs Schärfste dagegen mit schwächenden Fieberanfällen und unerträglichen Bauchschmerzen. Und mein Kopf lehnt das durch eine gefährliche Radikalkur geschaffene Kunstprodukt ab.

»Anne, was hast du denn? Ist dir nicht gut?«

Besorgt stehen sie um mich herum, meine Mutter, mein Mann, die ganze Familie. Sie haben mich gesucht, weil ich so lange fortgeblieben bin, und hier draußen gefunden, zusammengesunken, in Tränen aufgelöst. Ich stammle irgendetwas, um sie zu beruhigen. Müdigkeit. Ein momentanes seelisches Tief. Nein, nein, lasst nur … es geht schon … ist gleich wieder vorbei …

»Ich hab nachgedacht«, sagte Alain an dem Abend zu mir, als wir wieder zu Hause sind. »Du musst aufhören zu arbeiten, das ist einfach zu viel für dich. Irgendwie schaffen wir es auch so.«

Ich will ihm den Gedanken ausreden. Wir brauchen das Geld. Vor seinem Gehalt als Postangestellter können wir doch nicht leben. »Zumal wenn ein Kind kommt …«

Der Wunsch nach einem Kind als Beweis unserer Liebe füreinander regt sich seit ein paar Monaten immer häufiger in mir. Mir fehlt so ein kleines Wesen, das ich verwöhnen und, wie Yves Duteil in seinem Chanson so hübsch formuliert, bei der Hand nehmen, beschützen und durchs Leben führen könnte. Noch existiert es nur in meinen Träumen, und ich unterhalte mich leise mit ihm am Rande des Schlafs. Es wartet in mir auf seine Entstehung. Ich bin bereit, es zu empfangen.

Alain hat anscheinend nicht zugehört. Ich habe das Thema schon ein paar Mal angeschnitten, aber er weicht mir immer aus. Ich weiß nicht, wie er wirklich darüber denkt.

Manchmal habe ich den Eindruck, er würde gern Vater werden, dann wieder glaube ich, es ist ihm völlig egal. Wann werde ich diesen Mann endlich verstehen?

Im Augenblick ist er nicht von seiner fixen Idee abzubringen. »Das wäre also geklärt. Morgen kündigst du.«

Und das tue ich dann auch.

Anfangs genieße ich es, so viel Zeit zu haben und frei darüber verfügen zu können. Endlich habe ich Zeit für all die Dinge, zu denen ich nie kam, weil mein Tag ausgefüllt war mit der sinnlosen Tätigkeit im Ministerium und der Fahrt zum und vom Arbeitsplatz: den Haushalt versorgen, lesen, fernsehen, spazieren gehen, ohne ständig auf die Uhr schauen zu müssen.

Wann immer das Wetter mitspielt, bin ich mit Ubelle, meiner kleinen Dackelhündin, die ich so vernachlässigt habe, unterwegs. Unvorstellbar, dass ich diesem lieben Tier monatelang nicht mehr Beachtung geschenkt habe als irgendeinem Einrichtungsgegenstand! Ich habe ihm sein Futter hingestellt, es gelegentlich hastig gestreichelt oder mit ihm geschimpft, wenn es etwas angestellt hatte. Das war alles. Es stimmt schon, der moderne Mensch hat keine Zeit mehr, die schönsten Dinge des Lebens zu genießen.

Endlich nehme ich Ubelle bewusst wahr. Ihr rotbraunes Fell erinnert mich an die Füchse, mit denen die Märchenbücher illustriert waren, die ich als Kind gelesen habe. Die Farbe ihrer großen Augen, aus denen sie spitzbübisch in die Welt blickt, reicht je nach Laune von hellbraun bis rabenschwarz. Sie kann sich richtig freuen – ja, es sieht fast so aus, als würde sie lachen –, wenn sie mir einen Streich gespielt hat. Sie versteckt sich zum Beispiel im hohen Gras einer Böschung und reagiert nicht auf mein Rufen. Ich muss mich schon heiser schreien, ehe sie sich endlich erbarmt und zu mir kommt. Dann schimpfe ich mit ihr – das heißt, ich tue nur so, weil das zu unserem Spiel gehört –, und sie hüpft schwanzwedelnd um mich herum, bis ich zu lachen anfange. Sie springt an mir hoch und macht meine Kleidung schmutzig, aber das stört mich nicht. Wir sind zwei kleine Mädchen in den Schulferien, und da ist alles erlaubt.

Ich bin ganz vernarrt in Ubelle. Ich rede mit ihr. Idiotisch, nicht wahr? Und wenn schon. Einsame, gequälte Herzen reden immer mit irgendjemandem oder irgendetwas: das können Blumen sein, Gegenstände, Geister oder Tiere … Sie ist meine Vertraute. Ich spreche mit ihr über meine Ängste, meine Sorgen, meine Hoffnungen. Und über das Kind, das ich eines Tages haben werde.

Nach unseren ausgiebigen Spaziergängen genießen wir die Ruhe zu Hause. Obgleich ich großen Wert auf ein gepflegtes Heim lege, ist der Haushalt bald gemacht. Es bleibt genug Zeit für andere Beschäftigungen. Fernsehen zum Beispiel. Aber das ödet mich schnell an. Ich lese lieber. Alles, was mir in die Hände fällt, vor allem am Anfang. Erst mit der Zeit lerne ich, meine Lektüre sorgfältig auszuwählen. Zum Lesen hat mir bisher die Muße gefehlt. Eine Illustrierte durchzublättern oder in einem Buch zu schmökern, das waren für mich kostbare, weil seltene Minuten der Ruhe und Entspannung in der Hektik des Alltags.

Jetzt hole ich das Versäumte nach. Ich vertiefe mich ganze Nachmittage lang in Liebes- und Kriminalromane, entdecke aber auch die brutale, dramatische Welt eines Martin Gray, die verrückten, allzu menschlichen Träume eines Barjavel und lasse mich von Gorkis *»Mutter«* zu Tränen rühren.

Später, als es mir sehr schlecht ging, habe ich diese Bücher ein zweites Mal gelesen. Für mich sind sie Orientierungshilfen geblieben. Aus ihnen habe ich gelernt, ich bin nicht der einzige Mensch, der liebt, leidet, anders empfindet als die Mehrheit um ihn herum. Der sich von der Masse unterscheidet.

Denn ich bin wieder im Begriff, anders zu werden.

Schon nach wenigen Monaten sind meine fünfundsiebzig Kilogramm nur noch eine schwache Erinnerung. Natürlich fiel mir die leichte Gewichtszunahme am Anfang auf; meine Waage versäumte es nicht, mich darauf hinzuweisen. Ich maß dem jedoch keine große Bedeutung bei.

Nach meiner radikalen Abmagerungskur fühlte ich mich so elend, dass ich dachte, ein paar zusätzliche Pfunde, um die leere Hülle, die ich geworden war, auszufüllen, könnten nicht schaden. Und tatsächlich: Mir ging es wirklich wieder besser. Die Ruhe und die Mußestunden nach meiner Kündigung taten ein Übriges. Meine Beschwerden, das Fieber, die Übelkeit, die Magenschmerzen, waren wie weggeblasen.

Aber der Prozess, einmal in Gang gesetzt, war nicht mehr aufzuhalten. Dabei aß ich nicht mehr als früher. Im Gegenteil: Nun, da ich genügend Zeit hatte, achtete ich sorgfältig auf meine Ernährung. Ich fühlte mich gut, jedenfalls besser als vorher. Ich verspürte auch nicht das Bedürfnis, durch Essen irgendetwas zu kompensieren. Mein Gewicht hätte sich also logischerweise bei, sagen wir, achtzig Kilo einpendeln müssen. Das wäre ideal gewesen.

Leider versagt in meinem Fall die Logik, und all die schönen Berechnungen anhand von Kalorien- und sonstigen Tabellen sind nichts wert. Die Gleichung Essen = Körperfülle geht in meinem Fall nicht auf. Ich nehme nicht zu, weil ich alles in mich hineinstopfe. Ich esse nicht bei jeder sich bietenden Gelegenheit oder in unbeobachteten Augenblicken. Sobald ich nämlich zu viel esse, wird mir schlecht.

Ich nehme zu, ich quelle auf, weil ich nun mal so bin. Das ist alles. Ich weiß, das ist keine Erklärung. Mir ist auch klar, viele, die wie jener Endokrinologe vom St.-Louis-Krankenhaus unfähig sind, über ihre armseligen Vorurteile hinauszusehen, werden mir nicht glauben. »Sie lügt. Alle Dicken lügen, damit sie nicht mehr belästigt werden und in Ruhe ihrem Laster frönen können …« Eine allzu vereinfachende Schlussfolgerung. Aber so bequem, nicht wahr?

In jener Zeit fing ich an zu begreifen, dass mein normaler Körper meine Bestimmung war. Noch war das keine bewusste Erkenntnis. Dazu war der Druck von außen zu groß. Noch war ich eine Gefangene der Normen und Reaktionen meiner Umgebung. Selbst wenn ich versucht hätte, die Fesseln zu sprengen, das Leben verwies mich stets auf meinen Platz: den des Monstrums.

Nachdem meine Pfunde zurückgekehrt sind – sogar noch ein paar mehr als früher, denn der Zeiger meiner Waage bleibt jetzt bei hundertzehn stehen –, ertrage ich das Nichtstun immer schwerer. Ich komme mir nutzlos vor. Ich neige wohl auch dazu, mir Schuldgefühle einzureden. Wir können dieses Jahr nicht in Urlaub fahren, dazu reicht das Geld nicht. Wenn ich wieder arbeiten und mitverdienen würde, könnten wir uns endlich nach einer größeren Wohnung umschauen. Die Hoffnung auf ein Kind habe ich nicht aufgegeben. Im Gegenteil, ich wünsche es mir sehnlicher denn je.

Mein Mann kommt auf seiner Runde durch mehrere Weiler und Dörfer rings um Villecresnes. So erfährt er eines Tages, dass in einem Kinderheim nur wenige Kilometer von uns entfernt eine Halbtagsstelle als Sekretärin zu besetzen sei.

»Ich habe mich immer gern um andere gekümmert, und die erforderlichen Zeugnisse habe ich auch. Ich sollte mich bewerben, was meinst du?«

»Warum nicht? Zumal das Heim ganz in der Nähe liegt. Die Stelle ist für Anfang September ausgeschrieben, soviel ich weiß.«

Alain ist einverstanden. Auf seiner nächsten Tour will er den Direktor des Heims darauf ansprechen.

Knapp eine Woche später sitze ich ihm in seinem Büro zu einem Vorstellungsgespräch gegenüber. Er ist ein Mann mittleren Alters, offen, zuvorkommend und sichtlich zufrieden mit meinen Referenzen. Wir einigen uns rasch über Arbeitszeit, Bedingungen, Gehalt. Am 1. September kann ich anfangen.

Überglücklich kehre ich nach Hause zurück. In diesem Heim für schwer erziehbare Kinder kann ich endlich etwas Sinnvolles leisten. Und das Geld, das ich verdiene, wird unsere Finanzen spürbar aufbessern. Wir werden uns endlich diesen Fiat 127 kaufen können, von dem wir schon so lange träumen.

Alles läuft bestens.

Viel zu gut. Den ganzen August hindurch bin ich von einer solchen Vorfreude und fieberhaften Erregung erfüllt, dass ich dem Verhalten meines Mannes keinerlei Beachtung schenke. Dabei hätten mir einige scheinbar unbedeutende, merkwürdige Kleinigkeiten auffallen und eine Warnung sein müssen. Selbst ein so verschlossener Mensch wie Alain gibt irgendeinen winzigen Hinweis auf Dinge, über die er nicht sprechen kann oder will. Ein Wort, eine Geste, ein ausweichender Blick, irgendetwas. Und ich, die ich Tag für Tag mit ihm zusammenlebe, hätte es bemerken müssen. Ich habe nichts gemerkt. Zu meinem Unglück.

Der 1. September 1972 ist ein herrlicher Tag. Die Sommerhitze ist vorüber, der Herbst noch nicht da. Das Jahr schwankt zwischen zwei Jahreszeiten. Es ist mild. Der Himmel strahlend blau. Die Sonne jung und kraftvoll. Nach der sommerlichen Schwüle scheint ein neuer Frühling, ein neues Leben anzubrechen. Wie für mich auch.

Alain hat während der ganzen Fahrt zum Heim nicht ein Wort gesprochen. Das überrascht mich nicht; ich bin an seine Einsilbigkeit gewöhnt. Ich wundere mich auch nicht, als er, am Ziel angelangt, sagt:

»Ich warte fünf Minuten, um zu sehen, ob auch alles gut geht.«

Ich halte das seinem Taktgefühl zugute. Ich steige aus und gehe hinein. Bei meinem Vorstellungsgespräch hat mir der Direktor meinen zukünftigen Arbeitsplatz gezeigt, und so durchquere ich ganz selbstverständlich die Eingangshalle und strebe dem Büro zu, das auf der linken Seite des Flurs dahinter liegt.

Ich öffne die Tür und bleibe wie vom Donner gerührt stehen. Überraschung ist zu schwach für das, was ich in diesem Moment empfinde. Ich bin schockiert, bestürzt, betroffen. Und ich habe zu viel Unangenehmes in meinem Leben erlebt, als dass ich nicht sofort begriffen hätte. An dem Schreibtisch, an dem ich von heute an hätte sitzen sollen, ist eine junge Frau mit dem Ordnen von Unterlagen beschäftigt. Sie schaut mich fragend an.

»Was kann ich für Sie tun, Madame?«

»Äh, ich … äh … Ist der Herr Direktor da?«, frage ich, obgleich ich nicht eine Sekunde an einen Irrtum glaube, der unverzüglich korrigiert werden würde. Die böse Ahnung hat mich ganz plötzlich befallen. Mörderisch wie ein Dolchstoß. Wie eine Kugel, die das fliehende Wild mitten im Lauf trifft und zu Boden reißt …

Meine Stelle ist bereits vergeben.

»Der Herr Direktor? Da kommt er gerade.«

Er hält abrupt inne, als er mich sieht. Alle Farbe weicht aus seinem Gesicht, das ich während unseres Gesprächs vor einigen Wochen so sympathisch fand. »Madame … Was machen Sie denn hier?«, stammelt er.

»Ich sollte heute doch meine Stelle antreten …«

Die Situation ist ihm sichtlich unangenehm, doch er fasst sich schnell wieder. »Hat Ihnen Ihr Mann denn nichts gesagt?«

»Gesagt? Was denn? Nein, er …«

»Kommen Sie … Kommen Sie bitte …« Er fasst mich behutsam am Arm und führt mich in die Eingangshalle hinaus, wo uns niemand hören kann. Und dort erklärt er mir so taktvoll wie möglich: »Sehen Sie, ich habe lange nachgedacht nach unserer Unterhaltung … In diesem Heim sind, wie Sie wissen, schwer erziehbare Kinder untergebracht. Schwierige, unberechenbare Jugendliche, deren Reaktionen nicht vorhersehbar sind. Es sind arme Kinder …«

»Monsieur«, höre ich mich sagen wie in einem bösen Traum, »gerade das hat mich so an dieser Stelle gereizt. Weil ich hier etwas Nützliches tun könnte. Nämlich diesen armen Kindern zu helfen.«

»Ja, ja, das schon … aber haben Sie dabei auch einmal an sich gedacht?«

Er mustert mich hastig, verstohlen, vielleicht nicht einmal eine Hundertstelsekunde lang, doch das genügt. Ich habe verstanden. Mag er mich auch mit Samthandschuhen anfassen, um mich nicht mit Worten zu verletzen, sein Blick ist unmissverständlich.

»Ich fürchte, sie könnten Ihnen gegenüber unverschämt werden … Sie verstehen … Deshalb habe ich Ihren Mann gebeten, Ihnen auszurichten …«

Ich habe im Geist übersetzt: Du bist zu dick! Mit deiner Figur bekommst du nie eine Stelle. Kein Mensch will jemanden haben wie dich. Nicht einmal Kinder, die selbst niemand mehr haben will. Und schon gar nicht die, die für sie verantwortlich sind. Sie haben genug mit ihren eigenen Problemen, sie können deine nicht auch noch gebrauchen. Du bist zu dick! Du bist fett! Du bist ein Monstrum! Du passt nicht hierher. Verschwinde! Mach, dass du wegkommst! Versteck dich! Hebe dein Fett hinweg vom Antlitz der Erde!

Ich wäre vor Scham am liebsten im Boden versunken. Ich habe mich umgedreht und bin hinausgestürmt, leichenblass, während sich der Direktor noch in überflüssigen Erklärungen verhaspelte.

Mein eigener Mann hatte mir nicht zu sagen gewagt, was für ein Ungeheuer ich bin. Wahrscheinlich ekelt auch er sich vor mir. Ja, ganz bestimmt sogar. Warum sollte er eine Ausnahme bilden?

Die Sonne war nicht mehr die gleiche. Die milde Luft, die Blumen, der alternde Sommer, das alles gehörte den andern. Den normalen Menschen, wie Alain einer war.

Die Gefängnistore schlossen sich von neuem hinter mir; das Urteil lautete lebenslänglich. Lebenslänglich gefangen in meinem hässlichen Körper.

Ich bin eingestiegen. Wie betäubt vor Übelkeit. Am liebsten hätte ich mich über die ganze Menschheit und über mich selbst erbrochen. Alain hat den Motor angelassen, und wir sind nach Hause gefahren. Ich habe keinen Ton gesagt, und ihm war auch nicht nach Sprechen zumute.

13. KAPITEL

Mein Mann und ich haben nie wieder über diese jämmerliche Geschichte gesprochen.

Alain hat es anfangs versucht. Ihm war bestimmt nicht wohl in seiner Haut. Manche Schuldgefühle sind zerstörerischer als ätzende Säure.

Ich wollte nichts davon hören, keine Erklärungen und noch viel weniger Entschuldigungen. Als sich der Aufruhr in meinem Innern gelegt hatte, versank ich, ausgelaugt und leer, in einer eigenartigen Benommenheit. In meinem Fett. Ich kann den Zustand, in dem ich mich damals befand, nicht anders beschreiben.

Apathie. Teilnahmslosigkeit. Lethargie.

Die Tage und Wochen kommen und gehen, ohne dass ich Notiz davon nehme. Die Zeit ist unwiederbringlich dahin, aber mich kümmert es nicht im Geringsten. Ich empfinde nicht einmal mehr Schmerz oder Enttäuschung. Nur eine tiefe Müdigkeit, eine körperliche, geistige und seelische Erschöpfung, in der ich mir keine Fragen stelle. Eins weiß ich jedoch: Ich werde nie mehr irgendjemand um Arbeit bitten, mich nie mehr irgendwo hinauswerfen lassen.

Der Fernseher läuft von Programmbeginn bis Programmende. Ich starre auf die flimmernde Mattscheibe und lasse mich berieseln von den Bildern, den Tönen, den Worten. Valium in Form eines rechteckigen Kastens.

Ich schlafe viel.

Sofern man das schlafen nennen kann. Am Tag ebenso häufig wie in der Nacht gleite ich in einen Dämmerzustand hinüber, der etwas Beruhigendes und zugleich Beunruhigendes hat, sanft und gedämpft einerseits, unangenehm feucht andererseits. Eine graue, nicht fest umrissene Welt, durch die der spärliche Rest meines Bewusstseins irrt, ohne Freude oder Schmerz zu empfinden. Ein lauer Tod, der schlimmer als Vergessen ist.

Meine Mutter macht sich Sorgen um mich. Sie besucht mich regelmäßig und versucht, mit mir zu sprechen. Ich habe ihr nichts zu sagen. Ich habe niemandem etwas zu sagen. Ich bin mir meiner Sache völlig sicher.

Mama lässt mir immer irgendwelche Frauenzeitschriften da, die sie regelmäßig liest. Die gleichen wie damals, als ich noch ein Kind war: *»Nous deux«, »Intimité«*. Ich weiß noch, wie ich verzückt die Fotoromane betrachtet und von der Liebe, vom Glück, von Reichtum geträumt habe. Sie hofft, das würde mir helfen, aus meiner Gleichgültigkeit herauszufinden. Ich blättere die Illustrierten durch, warum auch nicht, aber Illusionen hege ich keine mehr. Diese märchenhaften Romanzen, diese schlanken jungen Frauen, die lächelnd die neueste Mode präsentieren, das alles gehört einer anderen Welt an. Ich bin zu alt, um mir noch etwas vorzumachen, Träumen nachzuhängen, die ohnehin nie in Erfüllung gehen werden. Du bist dick, Anne. Dick und einsam wirst du bleiben.

Ich weiß nicht, was mich an jenem Tag veranlasst hat, die Zuschriften an die Briefkastentante durchzulesen. Vielleicht Intuition. Solche Vorahnungen habe ich schon immer gehabt, und in neun von zehn Fällen treffen sie leider zu.

Alain ist an diesem verhängnisvollen Nachmittag zu Hause, sein Dienst beginnt erst um fünfzehn Uhr.

»Die spinnt doch komplett!«, entfährt es mir.

Verdutzt über meinen unverhofften Ausbruch, schaut Alain auf. »Wer?«

»Die Kleine, die an die Zeitung geschrieben hat. Sie will der Ehefrau ihres Liebhabers alles über ihr Verhältnis erzählen. Erst fängt sie was mit einem verheirateten Mann an, und dann will sie auch noch einer Frau, die ihr nichts getan hat, das Leben ruinieren. Wenn mir das passieren würde, ich würde die blöde Gans glatt umbringen!«

Eine beklemmende, dumpfe Stille tritt ein, als hätte sich eine Bleiglocke über uns gesenkt. Es ist nicht die Art Schweigen, die normalerweise zwischen uns herrscht, sondern die Ruhe vor dem Sturm – lastend, bedrückend, lähmend.

Erstaunt drehe ich mich zu Alain um. Er ist leichenblass und steht da wie vom Blitz getroffen.

»Was hast du denn auf einmal? Bist du etwa auch fremdgegangen?«, sage ich und lache dabei, um die ungute Stille zu vertreiben. Er zögert, schluckt. Es kostet ihn sichtlich Überwindung zu sprechen. Schließlich flüstert er kaum hörbar:

»Ja …«

Ich traue meinen Ohren nicht.

»Du kennst sie nicht«, fügt er hastig hinzu, als mache das die Angelegenheit nur halb so schlimm.

Er scherzt nicht. Humor zählt nicht zu Alains Eigenschaften. Und über dieses Thema macht er erst recht keine

Witze. Stumm, niedergeschmettert lasse ich seine Ausreden und Erklärungen über mich ergehen. Unfähig zu reagieren. Als lastete plötzlich ein zentnerschweres Gewicht auf mir.

Seit einiger Zeit gehen wir Sonntag nachmittags zum Tanz. Mein Bruder Jean-Claude, ein ausgezeichneter Akkordeonspieler, gehört einer kleinen Musikkapelle an und hat Alain, der in der Zwischenzeit Fortschritte auf seinem Schlagzeug gemacht hat, vorgeschlagen, sich ihnen anzuschließen.

Vor der Enttäuschung im Heim für schwer erziehbare Kinder bin ich gern hingegangen, um sie spielen zu hören. Meine Liebe zur Musik habe ich mir bewahrt. Ich tanze zwar kaum, aber ich mag den Anblick der Paare, die sich leichtfüßig und anmutig über die Tanzfläche bewegen. Außerdem kommt man mit Menschen zusammen, scherzt, lacht, plaudert mit ihnen.

»Letzten Sonntag warst du nicht da …«

Nein. Ich kann mich für nichts mehr begeistern, kann mich zu nichts aufraffen. Also bin ich vor dem Fernseher hocken geblieben und habe mir irgendeine stumpfsinnige Serie angeschaut. Alain ist allein gegangen.

Und da hat er ein Mädchen kennen gelernt … Sie bedeutet ihm nichts, nein, nein … Er kann sich kaum noch an ihren Namen erinnern … Er wird sie nie wieder sehen … Und selbst wenn …

Da explodiere ich.

Eine Flut von Schimpfworten, Beleidigungen, vulgären Ausdrücken steigt unaufhaltsam in mir empor.

Und ich überschütte diesen Lump mit den unflätigsten Worten, die mir in meiner grenzenlosen Wut einfallen.

Scheißkerl! Drecksack! Sauhund!

Ich kann ordinäres Benehmen oder derbe Worte nicht ausstehen. Aber in diesem Augenblick bricht alles aus mir hervor, was sich an Hass und Frustration angestaut hat. Das bin nicht ich, Anne, das ist eine tobende Furie, die ihm am liebsten die Augen auskratzen würde, diesem scheinheiligen Schwein, dem ich vertraut habe. Von dem ich, wenn nicht Liebe, so doch zumindest Treue erwartet hätte.

Jetzt treibt er es also schon mit irgendwelchen Schlampen auf dem Tanzparkett. Und bei mir, da kriegt er ihn nicht hoch …

Ich ersticke fast vor Wut und Schmerz. »Ich bleibe nicht eine Sekunde länger bei dir«, brülle ich zu guter Letzt. »Ich gehe zu meinen Eltern zurück!«

Auf die Reaktion, die er daraufhin zeigt, bin ich nicht gefasst gewesen. Erst steht er mit hängenden Schultern da und weint. Dann, als er sieht, es ist mir ernst, packt ihn plötzlich der Zorn. Er stürmt blindlings in die kleine Küche und reißt dabei alles zu Boden, was ihm in den Weg kommt. Am Rande der Hysterie schreit er mich an:

»Ich bringe mich um, wenn du durch diese Tür gehst!«

Um seinen Worten Nachdruck zu verleihen, fängt er an, den Kopf gegen die Wand zu schlagen. Das ist kein Theater, er stößt die Stirn tatsächlich so fest er kann gegen die Mauer. Immer wieder. Er weint. Schlägt zu. Schreit.

Ich denke zuerst, das legt sich schon wieder. Aber es dauert nicht lange, und ich gerate in Panik. Statt sich zu beruhigen, steigert er sich in seine Raserei hinein. Wenn er so weitermacht, wird er sich noch ernsthaft verletzen.

Ich zwinge mich zur Ruhe. Was bleibt mir anderes übrig? Ob er mich nun betrogen hat oder nicht – wenn er sich den

Schädel zertrümmert, hilft mir das auch nicht weiter. Ich bin schon immer leicht erpressbar gewesen.

»Alain, hör auf, du wirst dir noch wehtun! Komm zu dir, Alain! Hör auf! Ich bleibe bei dir. Ich werde dich nicht verlassen.«

Als er wieder einigermaßen ansprechbar ist, appelliere ich an sein Pflichtgefühl. Ich weiß doch schließlich, wie ernst er seinen Beruf nimmt.

»Ich habe das im Zorn gesagt. Das war nicht so gemeint. In knapp einer Stunde musst du zur Arbeit. Wie sieht das denn aus, wenn du so dort ankommst …«

Und richtig, das wirkt. Sein Dienst, die Fragen der Kollegen angesichts der Blutergüsse im Gesicht, das Gerede … Er beruhigt sich. Ich mache ihm einen kalten Umschlag. Als es Zeit für ihn wird, verlässt er in dem Gefühl, alles sei wieder in Ordnung, das Haus.

Keine Sekunde länger werde ich hier bleiben! Natürlich habe ich ihn belogen. Und er, was hat er getan? Er hat mich in den Schmutz gezogen. Er hat das Einzige, an das ich noch glaubte, besudelt: unsere Ehe. Der Verrat an der Liebe ist das schlimmste Vergehen. Alles ist entschuldbar, das nicht.

Mir fehlt die Zeit und der Mut, einen Koffer zu packen. Ich will nichts mitnehmen aus dieser dreckigen Welt der Lüge und des gemeinen Verrats.

Nur Ubelle, meine kleine Hündin, wird mich begleiten. Sie ist meine einzige Freundin. Wir werden zusammen fortgehen. Irgendwohin, ganz egal, bloß fort von hier.

Sie ahnt es. Zitternd sitzt sie vor der Wohnungstür und wartet auf mich. Ihre treuen Augen schauen mich traurig und ängstlich an.

»Wenigstens du hältst zu mir …«

Jetzt nur nicht sentimental werden. Nur nicht weinen! Sonst werde ich die Kraft, dieses verfluchte Appartement zu verlassen, nicht mehr aufbringen.

Ich greife mir wahllos ein paar Sachen und ziehe mich in aller Eile an. Dann stürme ich aus der Wohnung, hetze, gefolgt von Ubelle, die Treppe hinunter. Eine Nachbarin kommt mir entgegen, erschrocken versucht sie mich aufzuhalten, fragt, was passiert sei. Ohne zu antworten, renne ich weiter, remple sie an, hätte ihr um ein Haar den schweren Einkaufskorb aus der Hand gerissen.

Luft! Endlich Luft! Ich eile zum Auto, steige ein, will den Motor anlassen. Aber sogar der Fiat lässt mich im Stich. Immer wieder drehe ich aufgeregt, wütend, verzweifelt den Zündschlüssel. Nichts zu machen. Der Wagen springt nicht an. Wie üblich hat sich wieder einmal alles gegen mich verschworen.

Ich sacke in mich zusammen. Am ganzen Leib zitternd, bemühe ich mich, gleichmäßig zu atmen und Ordnung in meine Gedanken zu bringen. Das Herz schlägt mir bis zum Hals. Ich bin schweißbedeckt. Mein Kopf kommt mir wie eine Trommel vor, auf die ein wild gewordener Musiker aus Leibeskräften einschlägt. Ich habe das Gefühl, dass die Augen mir gleich aus dem Kopf treten, so groß ist der Druck in meinem Innern.

Ich starre auf meine Schlüssel, meine Handtasche. Dumme, feindselige Gegenstände. Was kümmert sie meine Verzweiflung, der brennende Schmerz, der sich nun, da der Zorn verflogen ist, einstellt. Das Gleiche gilt für die Hecken, die Bäume, die Passanten da draußen. Das Leben geht weiter, gleichgültig nimmt es seinen Gang. Während ich in meinem armen, aufgedunsenen Körper stecke und entsetzlich leide.

Tränen laufen mir übers Gesicht. Ich weine still und verhalten, kein Weinkrampf schüttelt mich. Und mit dem Wasser aus meinen Augen wird nach und nach auch meine Verzweiflung fortgespült. Ich denke nicht. Ich sitze einfach da und habe das Gefühl, mich aus einem Körper zu entfernen, eine leere Hülle zurückzulassen, die irgendwann verrotten wird, wach zu sein und doch zu schlafen, über meinem Bewusstsein zu schweben.

Mein Herzschlag normalisiert sich. Meine Kopfschmerzen lassen nach. Ich weiß nicht, wie lange ich mich in diesem Zustand des Schwebens befunden und geweint habe, als plötzlich das Bild meiner Schwiegermutter in mir emporsteigt. Warum ihres und nicht das meiner Mutter? Ich weiß es nicht. Mit den mechanischen Bewegungen eines Roboters steige ich aus und mache mich zu Fuß auf den Weg zu ihr. Um diese Zeit ist sie allein zu Hause, das weiß ich.

Sie nimmt mich bei sich auf wie ein Kind, das sich durch die Schuld der Erwachsenen im Wald verirrt hat und das man endlich, am Rande eines Abgrunds, in den es zu stürzen droht, wieder findet. Ihre ausgestreckte Hand, ihre offenen Arme werde ich niemals vergessen. Sie richtet mich, eine Fremde, wieder auf und verteidigt mich gegen ihren Sohn. Sie nimmt ihn nicht in Schutz und versucht nicht, sein Verhalten zu rechtfertigen. Auch für sie ist die Ehe etwas Heiliges, kein simpler Vertrag, in dem man herumschmiert, durchstreicht, verbessert, wie es einem gefällt. »In guten wie in schlechten Zeiten« ist keine Floskel aus einem Groschenroman, sondern ein Schwur, den man nicht leichtfertig bricht.

Ich weiß nicht mehr im Einzelnen, was sie mir gesagt hat. Aber ich erinnere mich an ihre Herzlichkeit, an ihre unendliche Güte, an das Herz, das so groß war wie die Wüste in meinem Innern. Es schlug für mich, es litt mit mir.

Ich bin lange bei ihr geblieben und habe mich von ihrer sanften Stimme trösten lassen. Zum Abschied habe ich zu ihr gesagt: »Du hast Recht, ich muss bei ihm bleiben.«

Ich wollte Stärke demonstrieren. Alles andere würde ich in den Hintergrund drängen: meinen eigensinnigen Charakter, meine extreme Empfindlichkeit, meine Überzeugungen, mein Verlangen nach Wahrheit, das mich seit jeher beseelt hat und mich zuweilen zu Handlungsweisen von äußerster Konsequenz treibt. Die Kluft, was sage ich: der Abgrund zwischen Alain und mir würde sich freilich nicht schließen. Ich würde einfach lernen, damit zu leben.

Wir haben nie mehr darüber gesprochen. Wir haben nie über irgendetwas gesprochen. Um den Schmerz zu betäuben, den die gefräßigste Bestie in meinem Körper und in meinem Kopf verursachte, habe ich zu Valium gegriffen. Jeder sucht eben woanders Zuflucht. Ich glaube, ich wäre bald zusammengebrochen, wäre nicht das eingetreten, was ich als das wichtigste Ereignis in meinem Leben betrachte. Ich bekomme ein Kind.

Es hätte die Krönung unserer Beziehung sein sollen, aber nach allem, was Alain mir angetan hatte, war es kein Kind der Liebe mehr. Doch es war meins.

Der Schwangerschaftstest ist positiv. Mein Arzt schließt jeden Zweifel aus. In gespielter Feierlichkeit verkündet er: »Anne, Sie sind schwanger!«

Er weiß, wie viel mir diese Nachricht bedeutet. Kein Satz hat mich jemals so tief bewegt wie dieser. Schwanger! Ich trage Leben in mir, winzig noch, keimend, und doch bereits unübersehbar und unglaublich stark. In diesem Moment bin ich mir der ganzen Tragweite dessen, was ich gerade erfahren habe, noch nicht bewusst. Ich weiß nur, ich bin glücklich, unbeschreiblich glücklich.

Ein Kind! MEIN KIND!

Im nächsten Augenblick melden sich Zweifel, eine leise Furcht beschleicht mich. »Und wie ist das mit meinem Gewicht, Doktor?«

Ich habe so viele grauenvolle Geschichten gehört. Dicke könnten keine Kinder bekommen … Probleme während der Schwangerschaft, Schwierigkeiten bei der Entbindung … Kaiserschnitt … Gefahr, sogar Lebensgefahr für die Mutter …

Mein Arzt beruhigt mich. Im Gegensatz zu vielen seiner Kollegen, die ich im Lauf meines Lebens kennen gelernt habe, bringt unser guter, humorvoller Hausarzt mit seinem leicht widerspenstigen weißen Haar das Kunststück fertig, selbst die ängstlichste Patientin zu beschwichtigen. Und Angst habe ich weiß Gott genug.

»Sie müssen einige Dinge beachten und sich regelmäßig untersuchen lassen, sicher, aber sonst sehe ich keine Probleme«, meint er. Er erkundigt sich nach meinem genauen Gewicht.

Zu sagen, ich habe zugenommen, ist eine glatte Untertreibung. Nach jener idiotischen Kur ist der Zeiger meiner Waage immer höher geklettert. Hundert, hundertfünf, hundertzehn … Mein Fett hat sich gerächt für die »Schockbehandlung« und vermutlich auch auf die Rückschläge reagiert, die ich im Lauf der Monate erlitten habe. Es hat keinen Sinn, dem Arzt etwas vorzumachen, und so gestehe ich verschämt:

»Na ja … Die Skala auf meiner Waage reicht nur bis hundertzwanzig, wissen Sie …«

»Meine auch«, erwidert er lachend, um mir meine Verlegenheit zu nehmen.

»Das heißt, ich muss mehr wiegen …«

»Ja, das ist richtig. Aber das ist im Augenblick nebensächlich, solange Sie sich wohl fühlen, wie Sie sagen. Also vorläufig keine besondere Diät.«

Und ob ich mich wohl fühle! Mir geht's prächtig. Was vor allem, aber nicht nur, an der Nachricht liegt, die ich gerade vernommen habe. Seit ich wieder zugenommen habe, habe ich auch, so paradox das klingen mag, mein seelisches Gleichgewicht wiedererlangt. Ich gelange mehr und mehr zu der Überzeugung, es ist meine Bestimmung, so dick zu sein. Mein übergroßer Körper ist meine wahre Heimat.

Alain? Nun, die Tatsache, dass er Vater wird, macht ihn nicht gesprächiger. Aber er freut sich darüber. Wir haben vor unserer Hochzeit – danach allerdings nicht mehr so oft – über Kinder gesprochen, und es war auch sein Wunsch, so ein kleines Wesen, ein Stück von sich selbst, in die Welt zu setzen, zu verhätscheln, großzuziehen. Seit seinem Geständnis, mich mit einer anderen betrogen zu haben, war ein Kind in unseren seltenen Gesprächen freilich kein Thema mehr.

Er hat die Nachricht sehr gelassen aufgenommen. Ohne jeden Gefühlsausbruch. Sein erster Gedanke ist, dass wir uns eine größere Wohnung suchen müssen. Er zerreißt sich fast, um eine für uns zu finden. Das ist seine Art, alles für die Ankunft unseres Kleinen vorzubereiten.

Ich schwebe im siebten Himmel. Meine depressive Phase ist überwunden, ich stecke wieder voller Schwung und

Energie. Unsere Eltern und Freunde freuen sich mit mir. Sie sind überglücklich, mich wieder lächeln zu sehen.

Mama ist außer sich vor Freude, bald Großmutter zu werden. Sie sagt, ich müsse mich schonen, mich ausruhen. Ich jedoch entgegne ihr, die Zeiten hätten sich geändert. Heute sind die Frauen in der Schwangerschaft aktiver denn je. Und ich beweise es ihr.

Ich hatte mir zwar geschworen, nie wieder arbeiten zu wollen. Mich nie wieder hinauswerfen, nie wieder demütigen zu lassen. Der Vorfall in dem Heim für schwer erziehbare Kinder, das feige Verhalten meines Mannes war der Tropfen gewesen, der das Fass zum Überlaufen brachte. Nie mehr wollte ich das durchmachen. Nie mehr!

Ja, schon, aber das war in einem anderen Leben gewesen! Damals war noch kein Baby unterwegs. Damals war ich die fette Anne, nichts weiter. Heute bin ich eine werdende Mutter. Ich muss kämpfen für mein Kind. Manchmal, wenn wir allein sind, verspreche ich ihm, alles für sein Glück zu tun. Alles.

Im Haus gegenüber wohnt ein Taxifahrer. Bisher stand er mit seinem Wagen entweder am Taxistand oder fuhr auf der Suche nach Kundschaft durch die Straßen. Jetzt hat er sich ein neues, mit Funk ausgerüstetes Fahrzeug zugelegt und braucht jemanden, der fünf, sechs Stunden täglich die Zentrale bedient. Er hat gefragt, ob ich nicht Lust dazu hätte.

»Sie haben eine hübsche Stimme«, schmeichelt er mir. »So was gefällt der Kundschaft.«

Ich habe ja gesagt. Er ist ein prima Chef. Sogar ein Sofa hat er mir ins Zimmer gestellt, damit ich mich hinlegen kann, wenn ich müde bin. »Ein Kind zu bekommen ist etwas ganz Besonderes. Da kann man nicht vorsichtig genug sein, meine Liebe.«

Und die hübsche kleine Summe am Monatsende ist auch nicht zu verachten. Wir haben eine herrliche Dreizimmerwohnung in Crosnes, einem Nachbarort, gefunden, und der Umzug kostet Geld. Ich habe mir die Wohnung schon angesehen. Ein Paradies kann man daraus machen! Ein großes Schlafzimmer für uns, ein Kinderzimmer für den Kleinen, sobald er ein wenig größer geworden ist, ein Wohnzimmer – ich weiß schon genau, wie ich es einrichten werde – und eine geräumige Küche.

Der absolute Luxus jedoch, das Nonplusultra ist die Badewanne, die groß genug ist, dass ich ganz hineinpasse!

14. KAPITEL

»Was kommt denn da für eine Dampfwalze?«

Die Bemerkung der Stationshilfe traf mich wie ein Peitschenhieb, als ich auf der Entbindungsstation aus dem Fahrstuhl stieg.

Sie schmerzte mehr als das derbste Schimpfwort und traf eine Wehrlose, die bereits am Boden lag. Sie durchbohrte Leib und Seele wie eine rot glühende Klinge.

Mit dieser Beleidigung wurde eine Frau wenige Stunden vor der Entbindung im Krankenhaus empfangen.

Ich brach in Tränen aus. Ich war auf alles gefasst gewesen. Auf den Schmerz bei der Geburt. Auf zusätzliche Komplikationen, die wegen meines Gewichts bei der Entbindung eintreten könnten. Außerdem quälte mich der Gedanke, ob mein Kind auch normal sein würde. Und ich war erfüllt von jener Unruhe, die einen befällt, wenn einem etwas völlig Unbekanntes bevorsteht.

Aber grausame, grundlose Spöttelei hatte ich nicht erwartet.

Habe ich mir allen Ernstes eingebildet, meine Stellung als Schwangere würde mich vor den alten Dämonen beschützen, sie ein für alle Mal austreiben? Fettkloß. Dicke Kuh. Monstrum. In meiner Naivität dachte ich, das unschuldige Leben, das in mir heranwächst, sei meine Eintrittskarte in die Welt der normalen Menschen.

Ein schwerer Irrtum.

Ich war eine Dicke und würde eine Dicke bleiben. Eine Fette. Eine unförmige Monstrosität. Mutter oder nicht. An jeder Ecke meines Lebens lauert eine Person oder eine Situation, mir diese Tatsache ins Gedächtnis zurückzurufen. Die Tatsache, eine »Dampfwalze« zu sein, ein krankhaft aufgeblähter Clown, ein Paria.

Ich habe oft geweint, vorher und nachher, aber nie so wie an diesem Tag. Mit hängenden Armen stand ich da, hilflos, niedergeschlagen, gebrochen. Eine unsagbare Bitterkeit stieg in mir auf, flutete über mich hinweg. Erst spürte ich ein Brennen in den Augen, eine Art irrlichterndes Flackern. Er kam von weit her, von sehr weit her, der gewaltige Tränenstrom. Und er wälzte die schlammigen Ablagerungen menschlicher Dummheit und Bösartigkeit mit sich, die sich im Lauf der Jahre in mir angesammelt hatten. Es war Übelkeit erregend. Abstoßend. Kotig. Mir fehlen die Worte, es zu beschreiben. Vielleicht gibt es gar keine dafür.

Die Schwesternhelferin starrte mich sprachlos an. Dann, als ihr die Ungeheuerlichkeit ihres Verhaltens bewusst wurde, stammelte sie Entschuldigungen, wischte meine Tränen ab, versuchte mit netten Worten wieder gutzumachen, was sie angerichtet hatte.

Aber was konnte sie schon sagen? Ihre dumme, grausame Bemerkung war nicht mehr rückgängig zu machen. Wir gehörten eben zwei verschiedenen Welten an. Ich folgte ihr in den Raum, in dem ich auf die Entbindung vorbereitet werden sollte. Die Krise war vorüber. Ich war bereit. Was sie auch tun oder sagen würden, ich war gewappnet.

Doch das war nicht die erste unangenehme Überraschung, die mich in diesem Krankenhaus erwartet hat.

Die ersten sieben Schwangerschaftsmonate waren wunderbar verlaufen. Zwar hatte mir jeder, abgesehen von meinem Arzt, Schwierigkeiten prophezeit: schwere Erschöpfungszustände, Komplikationen aller Art, Probleme für das Ungeborene, das unter meiner Dickleibigkeit leiden würde, und was weiß ich nicht noch alles. Wie um sie alle Lügen zu strafen und sie zu ärgern, habe ich mich bester Gesundheit erfreut und eine gute Moral sowie eine eiserne Energie zur Schau getragen. Bis zuletzt habe ich meinen Dienst in der Funkzentrale versehen. Mir war nie übel, ich musste mich nie erbrechen. Nie zuvor hatte sich mein Körper so wohl gefühlt wie in dieser Zeit. Ich war im Einklang mit mir selbst, erfüllt von tiefer Zufriedenheit und dem beglückenden Gefühl von Selbstgenügsamkeit, als wäre ich eine Welt für mich …

Jede Frau, die einmal schwanger war, weiß, was ich meine, und wird mir entgegenhalten, ich erzählte da nichts Neues. Möchte ich auch nicht. Aber ich will meiner feindseligen Umwelt ins Gesicht schreien, eine Dicke, eine Übergewichtige, zweieinhalb Zentner verhöhnte, ausgestoßene Frau sind sehr wohl in der Lage, das fantastische Abenteuer Mutterschaft zu bestehen.

Ich bekomme ein Kind! Ich existiere!

Kein Zoll meines Körpers, keine Pore, keine Zelle, kein Blutstropfen, kein Gramm Muskeln und Fett wird danach je wieder so leben wie vorher.

Ihr habt mich abgelehnt und verspottet. Das hohe, unantastbare Gesetz des Lebens jedoch hat mich wieder eingesetzt in meine wahre Bestimmung: die der fruchtbaren

Erde, in der der Samen keimt, des Bauches – erhabener Schmelztiegel –, in dem die Zukunft heranwächst.

Ich spreche mit dir, mein Kind, das du in mir Gestalt annimmst. Schön wirst du sein. Und glücklich, weil ich vor deiner Ankunft mindestens für zwei gelitten habe. Gleichgültig, ob Junge oder Mädchen, du wirst das Leben sein, das ich nicht gewesen bin.

Vom achten Monat an geht es mir schlechter. Weniger physisch als vielmehr psychisch. Man hat mir so viel Schauermärchen über problematische Entbindungen bei Übergewichtigen erzählt, dass ich allmählich Angst bekomme. Zu allem Überfluss muss ich auch noch zur Voruntersuchung in das Krankenhaus, in dem ich entbinden möchte.

Zu dritt erwarten sie mich im Untersuchungszimmer. Und reiben sich im Geist die Hände, als ich eintrete. Endlich einmal ein spektakulärer Fall!

Der jüngste der drei Gynäkologen, ein braun gebrannter, perfekt gestylter Typ wie aus einer Fernsehserie, sieht mich prüfend an. Was sage ich: Er zieht mich aus mit den Augen.

Er begrüßt mich mit den Worten: »O là là, Sie schleppen aber eine gehörige Portion Albumin mit sich herum.«

Die andern beiden, ein farbloser alter Knacker und einer, der entfernt Spencer Tracy ähnelt, widersprechen ihm nicht.

Ich habe nichts anderes erwartet. Ich bin solche Reaktionen ja gewohnt. Ich lache schallend und sage: »Na, hören Sie mal!«

Aufgeschreckt von meiner Respektlosigkeit, fährt der alte Knacker hoch. Spencer Tracy zieht die buschigen Augenbrauen zusammen. Der Playboy reagiert verärgert, sozusagen stellvertretend für seine beiden Kollegen. »Und wie viel genau wiegen Sie?«

Ich bringe die Geschichte von der Waage, deren Skala nur bis hundertzwanzig reicht. Er findet das gar nicht lustig, zumal er auch keine andere hat. So ein Pech! Es bleibt ihnen nichts anderes übrig, als mein Gewicht zu schätzen. Jedenfalls weit über hundertzwanzig!

»Wir werden Ihre Einweisung veranlassen, damit wir genauere Untersuchungen vornehmen können. Außerdem werden wir Ihnen eine Diät verordnen. Sie müssen unbedingt abnehmen.«

»Kommt überhaupt nicht in Frage!«

»Bitte?«

»Ich werde mich weder einweisen lassen noch irgendeiner Diät unterziehen.«

Sie sind sprachlos, mit Widerstand haben sie nicht gerechnet. Ich nutze die Gelegenheit, die Dinge ein für alle Mal klarzustellen:

»Ich weigere mich, basta. Ich bin nur gekommen, weil diese Untersuchung Pflicht ist. Sie werden mich erst am Tag der Entbindung wieder sehen.«

Der älteste der drei unternimmt einen halbherzigen Versuch, mich zur Vernunft zu bringen. Der Playboy hüllt sich in Schweigen, verärgert, weil ich seiner ärztlichen Kunst misstraue, und Spencer Tracy interessiert das alles überhaupt nicht. Zu guter Letzt geben sie auf. Und ich verlasse den Raum mit triumphierender Miene und flüstere meinem Bauch zu:

»Das ist gerade noch mal gut gegangen, Kleines! Zusammen sind wir stark. Uns kann nichts geschehen, du wirst sehen.«

Ich weiß, es ist da. Ich spüre es. Wenn auch nicht so deutlich wie andere Frauen. Es liegt ziemlich hoch, über dem Magen. Ich sage mir, es ist näher am Herzen.

Heitere Gelassenheit erfüllt mich. Alles wird gut gehen, ich weiß es. Ich wünsche es mir ganz fest. Und höre einfach nicht mehr hin, wenn mich ein wohlmeinender Mitmensch darauf hinweist, die Entbindung bei Übergewichtigen sei risikoreich …

Meine einzige Sorge ist die jeder Schwangeren: Wird mein Kind auch normal sein? Wird es zwei Arme, zwei Beine, Hände, Füße haben? Unzählige Male habe ich dich in Gedanken nach meinen Vorstellungen geschaffen, mein Kind!

Den kleinen Koffer, den ich ins Krankenhaus mitnehmen werde, habe ich bestimmt zehnmal gepackt. Ubelle, neugierig und nervös, folgt mir auf Schritt und Tritt. Sie versteht alles, ich weiß es.

Sie wartet, genau wie ich.

Dann der 28. Dezember. Als Alain morgens zur Arbeit geht, fragt er, wie ich mich fühle. Bisher bin ich mir nicht sicher gewesen, ob er sich über das Kind freut oder nicht. Jetzt scheint er plötzlich um mich besorgt.

»Mir geht's gut«, antworte ich.

»Bestimmt?«

»Aber ja.«

»Du bist furchtbar unruhig gewesen heute Nacht. Hast dich dauernd hin und her geworfen. Soll ich nicht lieber zu Hause bleiben?«

Ich versichere ihm, er könne unbesorgt zum Dienst gehen. Was er dann auch tut. Ich beginne mit meinem gewohnten Tagesablauf.

Zwei Stunden später Panik! Ich spüre etwas Klebriges zwischen meinen Beinen. Blut! Ich bin voller Blut! O mein Gott, ich verliere mein Baby!

Und Alain ist nicht da. Hätte ich doch auf ihn gehört. Ich ziehe mich in aller Eile an, stürze aus der Wohnung und hämmere an die Tür meines Nachbarn.

»Sie müssen mir helfen«, keuche ich aufgeregt. »Benachrichtigen Sie bitte meinen Mann! Schnell! Das Kind … Ich hab Angst, ich verliere es!«

Alain, außer sich vor Sorge, ist in weniger als einer halben Stunde da und fährt mich zum Krankenhaus. Die Blutung hat aufgehört. Das beruhigt mich ein bisschen. Nur die Angst vor dem Unbekannten, das mich erwartet, quält mich noch.

Der unfreundliche Empfang durch die Schwesternhelferin ist nicht dazu angetan, mir meine Angst zu nehmen. Ganz im Gegenteil. Mir kommen heute noch Tränen der Wut und der Demütigung, so oft ich an diese hässliche Szene zurückdenke. Und dennoch frage ich mich, ob sie mir letztendlich nicht einen Gefallen erwiesen hat mit ihrer bösartigen Bemerkung.

Als ich in den Vorbereitungsraum und später in den Kreißsaal kam, war ich gegen alles gewappnet. Ich hatte einen Schutzwall um mich herum errichtet, der nichts mehr an mich herankommen ließ. Ich hatte dieses Kind gewollt, Übergewicht oder nicht, liebender Ehemann oder nicht! Und ich würde es haben.

Die ersten Wehen setzten gegen fünf Uhr nachmittags ein. Der Stationsarzt war gerade bei mir gewesen. Immer das gleiche Lied: Übergewicht, Fettleibigkeit, mit Komplikationen muss gerechnet werden …

»Sie werden ab sofort ausschließlich salzlose Schonkost zu sich nehmen.«

Normalerweise ist alles, was irgendwie mit Diät oder Abmagern zu tun hat, ein rotes Tuch für mich. Diesmal habe ich nicht widersprochen. Ich bin es Leid. Die Begegnung mit der Stationshilfe hat Spuren hinterlassen. Mein Kind will auf die Welt kommen. Von mir aus werde ich eben salzlose Schonkost essen. Im Augenblick habe ich weiß Gott andere Sorgen.

Ein unbestimmter Schmerz in der Nierengegend, zwischen leichtem Unwohlsein und Beklemmung. Lästig zwar, aber durchaus erträglich. Wie eine heiße Hand, die sich aufdringlich dorthin legt, wo man sie nicht haben möchte.

Allmählich verwandelt sich die Hand in eine Klaue, eine Pranke, einen krallenbewehrten Raubvogelfang, der in eine wehrlose Beute geschlagen ist. Das Unwohlsein weicht einem stechenden Schmerz, der mich in immer kürzeren Abständen ohne Vorwarnung durchfährt wie ein Stromstoß, die Wirbelsäule entlang jagt und sich von dort in alle Richtungen ausbreitet wie Säure. Ich schreie laut, so grässlich sind die Schmerzen.

Die Injektionen, die ich stündlich bekomme, helfen nicht viel. Die eiserne Krake in meinem Rücken denkt gar nicht daran, ihren Griff zu lockern. Trotz der leichten Betäubung nehme ich den Schmerz mit unverminderter Heftigkeit wahr. Ich habe das Gefühl, ich werde von innen her zerrissen.

Meine Umgebung verschwimmt im Nebel. Die Krankenschwestern ... Die junge Frau im Bett nebenan, die mich ängstlich beobachtet ... Mama ... Sie ist sofort gekommen, als sie erfuhr, dass es soweit ist. Ich erkenne sie zuerst nicht. Ich will ihr etwas sagen, aber ich bringe kein Wort heraus. Sie hält meine Hand und drückt sie ganz fest.

Mehr als zwölf Stunden hat mein Martyrium gedauert. Weil ich mich hartnäckig geweigert habe abzunehmen, wie man mir später sagt. Ich weiß nicht, ob das stimmt; es ist mir auch egal. Schließlich habe ich es durchgestanden und nicht diese Schwätzer. Und wenn ich mich nun ihrer Diät unterzogen hätte? Hätte mir das nicht sehr viel mehr geschadet?

Um drei Uhr dreißig morgens komme ich in den Kreißsaal. Die Krankenschwester, eine kräftige, große Frau aus Martinique mit einem netten, beruhigenden Lächeln, das in eigenartigem Kontrast steht zu ihrer Größe und ihrer Körperkraft, hebt mich aus dem Bett hoch und legt mich auf den Rollwagen, als wäre ich ein schmächtiges Kind.

Die Hebamme ist im Gegensatz dazu ein kleines, zartes Frauchen, das verloren wirkt zwischen all den Assistenzärzten, Schwestern und Stationsmädchen, die geschäftig hin und her eilen. Ich fürchte unwillkürlich, sie könnte ihrer Aufgabe nicht gewachsen sein. Doch ihr Lächeln zerstreut meine Bedenken augenblicklich. Es strahlt Tatkraft, Zähigkeit, Willensstärke aus, und ich weiß, ich bin in guten Händen.

Schon das Atmen strengt mich an, so kräftezehrend sind die letzten Stunden gewesen. Einer der Assistenzärzte, den die andern Éric nennen, ergreift meine Hand und beugt sich über mich. Auch sein Lächeln ist das eines starken Menschen. Und in seinen Augen kann man ertrinken und merkt es noch nicht einmal.

»Wir zählen jetzt bis zehn«, sagt er. »Und atmen dabei so lange wie möglich aus.«

Ich nicke, ich bin zu schwach, um zu antworten.

Eins, zwei, drei, vier … Es hat keinen Zweck. Ich kann nicht mehr. Das werde ich nie schaffen! Mein Kopf fällt zurück. Meine tauben Beine in den Bügeln spüre ich nicht mehr. Nur noch meinen brennenden Bauch.

»Wir fangen noch mal von vorn an«, flüstert mir Éric ins Ohr, sanft und energisch zugleich. Als ich seine Stimme höre, sehe ich plötzlich ein leuchtendes, beruhigendes Bild vor mir: Mir ist, als lockte sie behutsam das Leben aus mir heraus …

Eins, zwei, drei, vier, fünf … Ich presse. Meine armen Lungen werden das nicht überstehen. Sechs, sieben …

»Ich kann den Kopf sehen«, ruft die Hebamme.

Acht … Nein, unmöglich, ich schaffe es nicht. Mein Kopf fällt in den Nacken, als hätte man die Wirbelsäule durchtrennt. Ein unsichtbarer Amboss drückt mir die Brust zusammen. Mein Damm reißt ein.

»Sie dürfen nicht nachlassen«, sagt die Hebamme, »sonst muss das Kind leiden.«

Diese Worte dringen grell und klar durch mein schmerzgetrübtes Bewusstsein. Alles, nur das nicht! Ich habe dich gewollt, mein Kind, ich habe dafür gekämpft, dass du das Licht der Welt erblicken kannst. Lieber verliere ich mein Leben, als dir die Chance auf deins zu rauben.

Érics Hand schließt sich fester um meine. Er beginnt von neuem zu zählen. Eins, zwei, drei …

Ich spüre nichts mehr, weder meine Lungen noch meinen Bauch, nicht einmal den Dammriss. Ich konzentriere mich mit aller Kraft auf mein Kind, das leben soll. Endlich, nach ein paar Sekunden oder Stunden, ich weiß es nicht, der Ruf der Hebamme:

»Es ist da!«

Die Schmerzen hören unvermittelt auf. Dann ein Schrei, wie ich ihn nie zuvor gehört habe: Erst schwach und heiser, schwillt er allmählich an, wie ein tönender Flügel, der sich langsam auseinander faltet. Zum ersten Mal füllt die Luft dieser Welt die Lungen des kleinen Lebewesens, das in mir, durch mich erschaffen wurde. Was für ein überwältigender, einzigartiger, unfasslicher Augenblick! Was für ein Wunder ist die Mutterschaft doch.

»Ist es auch gesund?«, lautet meine erste bange Frage. »Ist es normal?«

»Aber ja. Es ist ein Junge«, antwortet die Hebamme fröhlich.

Ein Junge, und er ist gesund. Meine Angst war umsonst. Die Hebamme legt ihn vorsichtig auf meinen Bauch. Éric erklärt mir, die Geburt sei auch für das Kind Schwerstarbeit gewesen, ich solle nicht erschrecken, weil es noch so zerknittert und rot ist. Das gebe sich nach ein paar Tagen.

Ich finde ihn wunderschön, meinen Sohn. Plötzlich fällt mir ein, dass ich ja noch gar keinen Namen für ihn habe! Das heißt, ich habe mir schon ein paar überlegt, aber ich war mir noch unschlüssig. Jetzt muss ich mich entscheiden.

Eddy. Ich werde ihn Eddy nennen.

Mein Kind. Das Liebste, das ich besitze.

Mein Kind ist geboren. Ich kann es noch immer nicht fassen. Es dauert Stunden, ehe mir die Bedeutung dessen, was geschehen ist, voll bewusst wird. Die gesundheitlichen Probleme, die die schwierige Geburt verursacht hat, sind nebensächlich. Im Augenblick zählt nur Eddy.

Er liegt in einer kleinen, weißen Wiege, die er ganz ausfüllt, neben meinem Bett. In der Stille kann ich ihn atmen hören, schwach, aber regelmäßig, ein seidiges Geräusch, das mich in jeder Sekunde an die Realität seines Daseins erinnert. Noch ist er in gewisser Weise ein winziger Teil von mir und doch bereits ein eigenständiges Wesen. Ich ertappe mich dabei, wie ich meine Atemzüge auf seine abstimme. Idiotisch, ich weiß, aber ich habe das Gefühl, diese Harmonie vermag meine Schmerzen wirkungsvoller zu lindern als die Injektionen und die Tabletten, die man mir verabreicht.

Eddys Geburt hat meinen Körper übel zugerichtet. Der Mutterkuchen wollte sich nicht lösen, ich habe diverse Muskelrisse davongetragen und sonstige Beschwerden. Und dann dieser grässliche, durch nichts zu stillende Durst!

Was das Abnehmen betrifft, lassen die Ärzte nicht locker. Die ganzen Schwierigkeiten seien nur auf mein Übergewicht zurückzuführen, sagen sie. Wäre ich schlanker gewesen, wären die Dinge weitaus weniger dramatisch verlaufen.

Damit nicht genug, habe ich höllische Schmerzen in den Beinen. Die Gefahr von Blutungen droht. Wenn die Schwester meine Wunden mit Äther säubert, habe ich jedes Mal das Gefühl, ein Zehntausend-Volt-Stromstoß wird mir durch den Leib gejagt.

Neulich abends, als ich wieder entsetzlichen Durst hatte, tupfte die Schwester mein Gesicht mit einem feuchten Wattebausch ab. Ich habe in die Watte gebissen, um ihr so viel Feuchtigkeit wie möglich zu entziehen und meine rissigen, schmerzenden Lippen zu befeuchten. Ich komme mir vor wie ein ausgetrocknetes, halb verdurstetes Tier in einer endlosen Wüste aus Feuer und Staub …

Mein gerissener Damm musste genäht werden, und die Wunde will einfach nicht trocknen. Da hat mir doch einer der Gynäkologen allen Ernstes vorgeschlagen, einen Föhn zu benutzen, um den Prozess zu beschleunigen. So weit kommt's noch!

Es ist Winter und bitterkalt draußen. Trotzdem reiße ich jede Nacht das Fenster auf und setze mich mit gespreizten Beinen davor, weil ich glaube, das fördere die Wundheilung. Ich benehme mich auch nicht gerade wie ein Ausbund von Klugheit!

Beim Gedanken an Essen wird mir übel. Vier Tage lang bringe ich keinen Bissen hinunter. Mein Blutdruck fällt in den Keller. Niemand regt sich darüber auf. Hingegen versucht der Frauenarzt, mich zur Verlegung in die ernährungsphysiologische Abteilung zu überreden:

»Dort sind Sie in den besten Händen. Sie werden sehen, all das überflüssige Fett, das Ihnen diese Scherereien bereitet hat, wird im Handumdrehen schmelzen. Eine gute Diät und …«

Er kommt nicht dazu, den Satz zu Ende zu sprechen. Ich gebe ihm unmissverständlich – und um ehrlich zu sein, nicht besonders höflich – zu verstehen, dass eine Abmagerungskur nicht in Frage kommt. Mir steht es bis hier oben, ständig mit Entscheidungen, die über meinen Kopf hinweg getroffen werden, und mit klugen Reden konfrontiert zu werden.

Habe ich ein Kind zur Welt gebracht oder nicht? Übergewicht hin oder her, ich habe einem gesunden Jungen das Leben geschenkt. Alles andere ist mir gleichgültig. Ich fühle, dass ich von nun an die Kraft habe, mein Leben und sämtliche Probleme, die es mit sich bringen mag, zu meistern.

Eddy ist der lebendige Beweis dafür, dass auch eine Dicke Kinder bekommen kann. Da staunen Sie, meine Herren, nicht wahr? Und in Anlehnung an die Texte von Geburtsanzeigen möchte ich hinzufügen: Mutter und Kind sind wohlauf und glücklich, Ihre Vorurteile ad absurdum geführt zu haben.

Sein Gesicht ist wunderbar glatt geworden, und die Hautrötung ist ebenfalls nach einigen Tagen verschwunden. Er ist ein schönes Kind. Ich wünschte, die ganze Welt könnte von seiner Geburt erfahren.

Ich spreche viel mit dem kleinen blonden Bündel, das an meiner Seite schläft. Wir haben es allen gezeigt, mein Schatz. Allen, die behauptet haben, ein Körper wie meiner sei nicht in der Lage, Kinder zu gebären. Dennoch hat er dir das Leben geschenkt, dieser verhöhnte, geächtete Körper, der für viele nichts als ein Haufen Exkremente war. Er hat gekämpft, um dir den Weg ins Licht zu öffnen, und er wird auch in Zukunft für dich kämpfen. Deine Ankunft hat ihn verändert. Er wird nie mehr der gleiche sein, der er war.

Eine blasse Sonne stand an einem altsilberfarbenen Himmel, als ich, geschwächt zwar, aber mit einem gesunden Kind, die Klinik verließ. Kalt war uns nicht. Ich hatte genug Energie in mir, um selbst dem härtesten Winter zu trotzen. Und dich hatte ich in einen molligen Babyschlafsack gepackt, den ich liebevoll für dich genäht hatte. Du hast die Augen aufgemacht und der Welt zugelächelt, ganz lieb und ein wenig hintergründig, so wie du es heute noch machst, wenn du glücklich bist.

Ich werde das nie vergessen.
Und ich habe gedacht: Achtung, Welt, wir kommen!
Eddy, jetzt fängt für uns das Leben an!

15. KAPITEL

Es gehören zwei dazu, ein Kind zu zeugen.

So sagt man doch, nicht wahr? Eine volkstümliche Weisheit. Ein Ausdruck dessen, was man als gesunden Menschenverstand bezeichnet. Eine Redensart. Die in meinem Fall nicht zutrifft.

Abgesehen von der flüchtigen sexuellen Begegnung, die in mir keinen nachhaltigen Eindruck hinterlassen hat, hat Alain mit Eddys Weg ins Leben nicht das Geringste zu tun. Ich habe ihn bei der Schilderung der Geburt meines Sohnes deshalb nicht erwähnt, weil er meilenweit von uns entfernt war – sowohl körperlich als auch geistig.

Er kam kurz nach der Entbindung. Es ließ sich nicht vermeiden, schließlich musste der Papierkram erledigt werden.

»Ist er nicht süß?«, flüsterte ich gerührt.

Ich weiß, das sagen alle Mütter. Eddy war ganz rot und zerknautscht. Aber musste Alain deswegen so eine Grimasse ziehen, die halb Gleichgültigkeit, halb Ekel ausdrückte? Eddy war unser Sohn! Ich hatte die mangelnde Anteilnahme an meiner Schwangerschaft auf seine zurückhaltende Art, seine Hemmungen geschoben. Doch nun war Eddy da, und ich wusste, ich hatte mir die ganze Zeit über etwas vorgemacht.

Achtundvierzig Stunden später macht Eddy, wie so viele Neugeborene, eine Gelbsucht durch. Alain sieht ihn an und sagt:

»Ich frage mich, ob das wirklich mein Sohn ist.«

Ich nehme die hässliche Bemerkung wortlos hin. Zwischen uns ist nicht erst seit heute der Ofen aus. Wir leben nebeneinanderher. Ob er mich wohl betrügt, wie damals zwischen zwei Auftritten mit diesem Mädchen? Ich weiß es nicht. Ich will es auch nicht wissen.

Anfangs litt ich furchtbar unter seiner Untreue. Aber die Zeit heilt alle Wunden, auch diese. Im Bett drehen wir uns den Rücken zu, wie ein altes Ehepaar, das nichts mehr füreinander empfindet, weil Gewohnheit und alltäglicher Kleinkrieg die Zärtlichkeit getötet haben.

Ich rede mir Schuldgefühle ein. Sage mir, es muss nicht leicht sein, eine Dicke zu lieben. Die blöden Bemerkungen der Arbeitskollegen, ihr boshaftes Grinsen … Ich kann es ihm nicht verübeln. Das Leben hat mich Verzeihen und Vergeben in großem Stil gelehrt. Dennoch ist es schwer. Und für meinen kleinen Eddy noch viel mehr.

Er ist ein Prachtbaby. Er hat milchweiße Haut wie seine Mutter und entzückende dunkle Äuglein, wie nachtschwarze Perlen. Er macht sich prima, und ich tue alles, ihm eine gute Mutter zu sein.

Natürlich wollte ich ihn stillen. Aber es geht nicht. Noch so ein albernes Vorurteil, das damit widerlegt wäre! Denn eine große Brust ist nicht gleichbedeutend mit reichlich Milch. Eddy verlangt lauthals nach dem dicken, nahrhaften Nektar, auf den er Anspruch zu haben glaubt. Ich aber kann ihm nur ein paar armselige Tropfen einer dünnen, weißlichen, fast durchscheinenden Flüssigkeit anbieten.

Er hat Hunger. Und macht seinem Unmut Luft. Und wie! Die schwarzen Augen funkeln vor Zorn über diese erste Ungerechtigkeit, die ihm widerfährt, ohne dass er den Grund dafür begreift. Mein Gott, das erinnert mich an jemand!

Mein Kind nicht ernähren zu können, macht mich rasend. Das Leben hat mich stiefmütterlich behandelt; der Mann, dem ich blind vertraut habe, hat mich enttäuscht; und jetzt bleibt es mir auch noch versagt, durch das Stillen jene wichtige, fundamentale Bindung zwischen Mutter und Neugeborenem herzustellen.

Es war wirklich zu dumm, Eddy! Ich musste meine Milch durch andere Nahrung ersetzen, ich gab dir Schnuller, die ich in feinen Honig tauchte. Mama, bei der du deine ersten Lebenstage verbrachtest, ließ sich alles Mögliche einfallen, um dich zufrieden zu stellen. Die enge Bindung zwischen dir und meinen Eltern hat ihren Ursprung in jener Zeit. Papa konnte es vielleicht nicht so zeigen, aber hinter seiner Schweigsamkeit und seinen fast unbeholfenen Gesten verbarg sich unendlich viel Liebe und Zärtlichkeit.

Und ich, deine Mutter … Ich lerne nach und nach, Mutter zu sein. Ich eigne mir die uralten Gesten des Wiegens und Tröstens an, die Handgriffe der Säuglingspflege. Nachts mache ich fast kein Auge zu. Beim leisesten Geräusch springe ich aus dem Bett und eile an deine Wiege. Ich habe Angst, du könntest ersticken. Ich habe so viel über den Krippentod gelesen. Danach kann ich nicht mehr einschlafen, weil ich denke, du brauchst mich vielleicht noch. Es wird dir doch nicht zu warm sein? Oder zu kalt? Ich bange ständig um dein junges Leben.

Dennoch ist diese erste Zeit wunderbar gewesen. Ich glaube nicht, dass ich jemals wieder etwas Ähnliches erleben werde. Mutterschaft ist ein absoluter Höhepunkt, eine unvergleichliche Erfahrung. Die habe ich dir zu verdanken, mein Sohn.

Dieser Zustand der Glückseligkeit dauerte ein paar Monate. Dann stürzte ich in einen tiefen Abgrund. Aus dem ich mich fünf Jahre lang nicht befreien konnte.

Es beginnt damit, dass meine Magenschmerzen, die ich mir als Folge meiner Radikalkur zugezogen hatte, zurückkehren. Krämpfe wühlen von neuem in meinen Eingeweiden, ich spüre ihre scharfen Scheren. Stechende Schmerzen, ein grässliches Brennen, eine Übelkeit, die mich fix und fertig macht.

Die Ärzte sind ratlos. Keine Behandlung, kein Medikament schlägt an.

Statt abzunehmen oder mein Gewicht wenigstens zu halten, nehme ich in unvorstellbarem Maß zu. Ich wiege über einhundertsechzig Kilogramm! Ich weiß nicht, woher die vielen Pfunde plötzlich gekommen sind. Ein unbekannter Feind in meinem Innern hat ohne mein Wissen diese ungeheure Menge Fett produziert. Dabei esse ich völlig normal, ich schwöre es! Jedes Nahrungsteilchen, das ich zu mir nehme, unterliegt aber offensichtlich einem chemischen Prozess, der außer Kontrolle geraten ist und die schädlichen Auswirkungen vervielfacht. In meinem armen Körper herrscht Anarchie, der totale Krieg.

Da die Ernährungsphysiologen keine Erklärung für dieses erschreckende Phänomen haben, bleibt nur die Hoffnung, dass vielleicht ein Psychologe, ein Kenner der menschlichen Seele dieses Rätsel eines Tages lösen wird.

Ich habe mir meinen eigenen Reim darauf gemacht. Das »Todesgewicht« nenne ich das Ergebnis meiner Amok laufenden Zellen. All die vielen Rückschläge, die Demütigungen, die Verachtung, die Frustration, die zahllosen negativen Erfahrungen, die ich seit frühester Kindheit gesammelt habe, das alles hat sich zu einer Art Sarg verdichtet, einem aus Fett bestehenden Nichts, das sich auf mir, um mich herum abgelagert hat.

Natürlich trägt auch meine unglückliche Ehe zu dieser Verschlechterung bei. Dass Alain und ich praktisch keine sexuellen Beziehungen mehr haben, ist bezeichnend, aber nebensächlich. Nicht so seine Haltung seinem Sohn gegenüber.

Mein Mann steht auf, geht zur Arbeit, isst, legt sich schlafen. Eddy und ich scheinen für ihn nicht zu existieren. Was geht in ihm vor? Was denkt er? Was für Träume hat er? Macht er sich jemals Gedanken über die Zukunft unseres Kindes? Was für Pläne hat er für seinen Sohn? Ich weiß es nicht. Ich weiß nicht einmal, ob er ihn liebt.

Hasst er ihn womöglich? Fühlt er sich durch seine Anwesenheit gestört? Nein, nicht einmal das. Obwohl mir das noch lieber wäre als diese eisige Gleichgültigkeit.

Der Rest der Welt – meine Eltern ausgenommen – hat sich gegen mich verbündet.

Gegen die Dicke. Den Koloss. Das Monstrum.

Am Donnerstagnachmittag hat Alain frei, und wir nutzen die Gelegenheit zum Einkaufen im nahe gelegenen Supermarkt. Um diese Zeit ist nicht viel Betrieb.

Ich bin so unzufrieden mit mir selbst, dass ich mir nur noch Zeiten aussuche, zu denen ich möglichst wenig Menschen begegne.

Sie ist um die fünfzig, vielleicht ein bisschen jünger. Ich kenne sie nicht. Eine unscheinbare kleine Frau wie tausend andere. Ein wenig mollig: Man ahnt die Speckfalten unter dem großblumig gemusterten Kleid. Der Typ, der für die Linie hungern muss. Und es keiner verzeiht, die das nicht tut …

Ich weiß nicht, was ich ihr getan habe. Ich packe Jogurtbecher und Gläser mit Babynahrung in meinen Einkaufswagen. Alain ist in einem Parallelgang verschwunden.

»Hast du den Fettmops gesehen?«

Sie ist gut zehn Meter von mir entfernt und hat den Satz zwischen den Zähnen gemurmelt, aber ich habe sie gehört, diese Schlange! Mit dem Ellbogen stößt sie ihren Mann an, während ihr boshafter, gehässiger Blick unverwandt auf mich gerichtet ist. Ihr Gesicht ist zu einer hämischen Grimasse verzogen.

»Lass doch«, sagt ihr Mann wahrscheinlich zu ihr. Er fasst sie am Arm und will sie weiterziehen.

Sie denkt gar nicht daran, sich dieses Vergnügen entgehen zu lassen. Das ist ihre Rache. Die Belohnung für ihre Selbstkasteiung, den Verzicht auf all die feinen Dinge, die Gift für ihre Linie sind.

An einem anderen Tag wäre ich vor dem vorwurfsvollen Blick nach Hause geflüchtet und hätte mich in meinen vier Wänden vergraben. Bitterkeit steigt in mir auf, ich spüre einen galligen, brackigen Geschmack im Mund. Aber zu meiner eigenen Überraschung räume ich dieses Mal nicht das Feld.

Fast mechanisch mache ich einen Schritt auf die alte Hexe zu. Dann noch einen. Diese ersten beiden haben mich Überwindung gekostet, danach geht es leichter. Ich bin entschlossen, sie zur Rede zu stellen, eine Entschuldigung zu verlangen, sie zu ohrfeigen, wenn es sein muss. Herausfordernd blicke ich ihr in die Augen.

»Wenn es dich so stört, dass ich zu dick bin, kannst du mich ja zur Seite schieben. Na los, worauf wartest du? Hat dich plötzlich der Mut verlassen?«

Sie wendet sich Hilfe suchend zu ihrem Mann um. Doch der zieht es vor zu schweigen. Wahrscheinlich wünscht er sich meilenweit weg. Betreten sucht er nach einem Ausweg aus dieser peinlichen Situation.

Die Schlampe weicht keinen Millimeter zurück. Das verbietet ihr ihre Bosheit. Unsere Konfrontation dauert eine gute Minute. Ich provoziere sie mit meiner ganzen Haltung, das spüre ich. Sie zögert. Sie würde zu gern auf mich einschlagen, mich zertreten wie einen dicken Wurm. Mordlust funkelt in ihren gelblichen Pupillen.

Ich halte ihrem Hass stand. In diesem Augenblick bin auch ich fähig zu töten. Das spürt sie und errötet heftig. Dann dreht sie sich wortlos auf dem Absatz um. Ihr Ehemann zieht sie energisch mit sich.

Ich habe gewonnen.

Ein armseliger Sieg. Schon eher eine düstere Niederlage. Die letzte Reaktion, der äußerste Schritt tiefster Verzweiflung. Seit einigen Monaten erlebe ich wieder tagtäglich unzählige Male, was es heißt, unerwünscht, ausgestoßen zu sein. In öffentlichen Verkehrsmitteln zum Beispiel. Wahrscheinlich nehme ich zu viel Platz weg. In Kaufhäusern. Wer sich im Restaurant zu viel unerlaubte Kalorien einverleibt hat, reagiert seine Komplexe, sein schlechtes Gewissen an jenen ab, die sich ohne Scheu so zeigen, wie man selbst auf gar keinen Fall sein möchte. Egal, wo, auf der

Straße, im Kino, ich werde überall als Prügelknabe benutzt. Ein solches Volumen, eine so große Oberfläche eignet sich hervorragend als Punchingball.

Die Dünnen werden nie attackiert. Höchstens bedauert. Die sind bestimmt krank. Etwas zehrt von innen her an ihrer Substanz.

Die Dicken hingegen haben zu viel Leben unter ihrer aufgeblähten Haut. Und weshalb? Weil sie es von anderen stehlen, ist doch klar. Sie sind eine Beleidigung für jeden normalen Menschen.

Die böse Hexe im Supermarkt ist eine von vielen gewesen, die zu der Entwicklung in jener verhängnisvollen Phase beigetragen haben. Meine Depressionen, mein Nichtsein haben ganz allmählich durch einen mir unbekannten chemischen Prozess, meine Umgebung dergestalt verwandelt, dass ich sie nur noch als negativ wahrnehme.

Oder bin ich es, die zum Gespenst geworden ist?

Der Verlauf muss langsam, unmerklich, schleichend gewesen sein. Sonst hätte ich, denke ich, etwas dagegen unternommen. Wie kann man zu einem willen- und hirnlosen Wesen werden ohne eine zumindest leise Regung des Aufbegehrens?

Brel hat ein schreckliches Chanson mit dem Titel *Les Vieux* geschrieben. Darin heißt es: »Die Alten bewegen sich vom Bett zum Sessel und vom Sessel zum Bett. Eines Tages schlafen sie ein und schlafen viel zu lange …« Das Gleiche war mit mir passiert. Ich war schlagartig gealtert. Nicht körperlich, sondern geistig, seelisch, im tiefsten Innern meines Ichs.

Ich gehe nicht mehr aus dem Haus.

Wozu auch? Um wie eine Geächtete behandelt zu werden? Grundlos Prügel zu beziehen? Unentwegt unheilvolle Wellen purer Bösartigkeit zu empfangen? Den andern sogar Angst einzujagen?

Ein kleines Kind, das noch nicht einmal richtig sprechen kann, zerrt mit weit aufgerissenen Augen, verstört über die Begegnung mit dem Monstrum, an der Hand seiner Mutter. Es hat seine Lektion bereits gelernt.

Männer, die Wetten über mein Gewicht abschließen. Einige sind sogar frech oder betrunken genug, mich danach zu fragen, um zu erfahren, ob sie sich sehr verschätzt haben.

Nein, ich gehe nicht mehr aus.

Meine Wohnung wird mir zum Grab. Ich verkrieche mich in ihr. Bin ohne Verlangen. Ohne Liebe. Ohne Freude, aber auch ohne Kummer. Eine leere Hülle. Selbst Gott ist gestorben. Ich habe immer gebetet, jetzt bleiben mir die Worte in der Kehle stecken. Beten bedeutet hoffen, und sei es nur ein ganz klein wenig … Ich erhoffe mir nichts mehr. Sie haben mich getötet.

Ich vermute, jeder Paria – Übergewichtige, Behinderte aller Art, Verfluchte – kennt diesen Zustand absoluter Verzweiflung und weiß, es gibt nichts über diese tote Zeit, mögen es Monate oder Jahre sein, zu berichten. Tote erleben nichts. Sie träumen nicht einmal.

Morgens stehe ich auf. Mechanisch. Wie ein gewichtiger Roboter, der weder einen Wecker noch ein Programm für den bevorstehenden Tag benötigt. Jeder Bewegungsablauf erfolgt automatisch. Ich wasche mich, ziehe mich an, frühstücke, versorge meinen Sohn.

Selbst das Kind, das ich mir so sehr gewünscht habe, das mich anstrahlt, vor sich hin brabbelt, heranwächst, ist mir fremd geworden. Ich kümmere mich um Eddy, ich sorge dafür, dass er sauber ist und zu essen bekommt. Diesbezüglich kann man mir nichts vorwerfen. Aber bin ich noch seine Mutter? Zuweilen überkommt mich das entsetzliche Gefühl, meiner Mutterschaft, ja sogar meines Sohnes beraubt worden zu sein. Dann schaue ich so lange in seine lachenden Augen, bis ein kleines Licht in meiner Dunkelheit aufflammt, ganz schwach nur. Ich strecke die Hand danach aus und fange zu weinen an.

Gegen zehn Uhr, spätestens um elf, schalte ich den Fernseher ein. Ich schaue nicht mehr auf die Uhr, die Zeit interessiert mich nicht. Ich starre stumpfsinnig, wie hypnotisiert, auf das Testbild, bis das Programm anfängt.

Es klingelt. Meine Mutter.

»Wie geht es dir?«

»Gut.«

»Und dem Kleinen?«

»Auch ...«

Ich höre mich antworten. Ich sehe mich mit ihr reden, sie in Eddys Zimmer führen. Ihr einen Kaffee kochen. Ich stehe neben mir und beobachte die gewaltige Fettmasse, die sich mechanisch durch die Wohnung bewegt. Und bin nicht einmal erstaunt über diese Spaltung. Es funktioniert so gut, dass alle darauf hereinfallen. Sogar Mama, die mich besser als irgendjemand sonst kennt. Der Gedanke, sie aufzuklären, kommt mir gar nicht. Wozu? Sie kann ja doch nichts für mich tun. Um mir zu helfen, müsste sie mich ein zweites Mal gebären, damit ich neu anfangen könnte, ohne Fett, ohne überflüssige Pfunde.

Ich schäme mich meines unnützen Fleisches nicht mehr. Ich bin niemandem außer mir selbst Rechenschaft schuldig, und mich stört es nicht mehr. Nicht, nichts … wie oft verwendet man diese Worte, manchmal in völliger Gedankenlosigkeit. Für mich sind sie von nun an bedeutungsschwer. Die letzte Flucht. Die Verneinung all dessen, was ich vorher an mich heranließ. Alleinherrschende Leere. Was das ist? Ich weiß es nicht. Hätte ich es in Worte fassen, definieren können, hätte es bereits ein wenig von seinem Schrecken verloren.

Draußen regnet es. Die Sonne scheint. Es stürmt. Es schneit. Wie überdimensionale Ameisen wuseln die Passanten durch die Straßen. Der Lärm von unten dringt nur gedämpft an mein Ohr. Vielleicht gedämpft von meinem Fett, wer weiß …

»Mein Dienst beginnt morgen um fünf.«

Ich übersetze mechanisch, aus Gewohnheit: Vergiss nicht, den Wecker zu stellen und mir das Frühstück zu machen.

Er stößt einen Seufzer aus. In den fünf Jahren völliger Apathie hat Alain mich nicht ein einziges Mal angerührt. Nicht einmal geküsst.

Möbelstücke, Hausrat, das alles nimmt etwas Beängstigendes an, wenn man sich der Leblosigkeit der Dinge bewusst geworden ist. Und man sich selbst nur noch als Gegenstand fühlt. Ihre Regungslosigkeit bekommt etwas Bedrohliches, ihre Stille wird zum Aufschrei.

Aus den leeren Porzellanaugen einer Puppe auf einem Sofa blickt einem plötzlich die ganze Grausamkeit der Menschheit entgegen. Der harmlose Teddybär, den ich irgendwann auf dem Rummelplatz gewonnen habe, kommt mir plötzlich albern, schwachsinnig vor mit seinen ungleich großen Ohren und den schamlos gespreizten dicken Schenkeln …

»Hau ab! Verschwinde!«, schreie ich ihn an.

Habe ich den Verstand verloren? Der altmodische, mit Sägemehl gefüllte Teddy hat mir doch nichts getan.

»Ich will dich nicht mehr sehen!«

Ich liege untätig auf dem Bett. Soll ich aufstehen, den dämlichen Plüschbären packen und zum Fenster hinauswerfen? Ich bleibe liegen. Ich rede nicht mehr mit dem Bären, sondern mit der monströsen Frau, die mich aus der Spiegeltür des Kleiderschranks anschaut. Sogar der Spiegel wirft mein Bild mit vernichtender Kritik zurück.

Ausgeschlossen! Das kann nicht sein! Dieser Körper da gehört nicht mir. Ich lebe nicht in ihm. Damals, als ich noch ein bisschen heimisch war in ihm, hat er mich von einer Niederlage, einer Enttäuschung zur nächsten geführt. Meine Mitmenschen haben mit Spott, Abscheu, Ablehnung auf ihn reagiert. Sie haben alles versucht, ihn in ihre Normen zu zwängen. Mit Kuren, Diäten, Behandlungen. Er war nichts als ein Spielball in ihren Händen.

Die monatelange Betäubung weicht nach und nach einer merkwürdigen Scharfsichtigkeit. Ich kann es nur so beschreiben: Ich hatte mich verpuppt, und jetzt brach die Hülle auf, und ein Schmetterling kam zum Vorschein. Es war schön und schrecklich zugleich wie jede Geburt. Nach meinem Sohn brachte ich nun mich selbst zur Welt.

Ich fing zu schreien an.

Der Teddybär.

Mein Spiegelbild.

Nachdem Alain heute Morgen zur Arbeit gegangen war, schlief ich noch einmal ein. Das passiert immer häufiger.

Doch statt in den schweren, feuchten, todesähnlichen Schlaf sank ich in einen leichten Schlummer. Und zum ersten Mal seit langer Zeit hatte ich wieder einen Traum.

Einen Albtraum zwar, aber immerhin einen Traum. Leben heißt auch leiden.

Ich irrte durch eine zerstörte Kathedrale. Mit den Augen, mit den Händen versuchte ich die Mauern und Gewölbe, die bunten Fenster wiederherzustellen, aber es ging nicht. Ich verletzte mich immer wieder bei dem Versuch, die Teile eines verwünschten Prismas zusammenzukleben. Ich steckte in diesem entsetzlichen Chaos und kam nicht mehr heraus.

»Ich bin hier! Hier unten! Könnt ihr mich hören?«, schrie ich durch das geborstene Dach zu den Sternen hinauf, die kalt auf mich herunterschauten.

Mein Schrei hat mich geweckt. Oder war es die Stimme des Schicksals? Eddy in seinem Zimmer war aufgewacht und weinte. Ich hatte wirklich geschrien. Ubelle, die am Fußende des Bettes lag, schaute mich ängstlich aus großen Augen an.

Ich eilte zu meinem Sohn. Ich glaube, er bemerkte die Veränderung, bevor ich sie wahrnahm. Er ließ sich schnell beruhigen und lächelte. Seine kleinen Hände an meinem Hals fühlten sich noch samtiger an als sonst.

Er schlief nach ein paar Minuten wieder ein. Ich ging ins Wohnzimmer.

Und griff zum Telefon.

16. KAPITEL

»Ich höre …«

Die Stimme ist sanft, ruhig, geduldig. Eine weiche und doch kräftige Stimmlage. Eine jener seltenen Stimmen, die Brücken schlagen, die Herz erkennen lassen.

Ich kenne sie nicht und werde nie dem Menschen begegnen, dem sie gehört. Aber ich spüre, sie ist für mich da, sie hört mir zu. Ich spreche nicht mehr mit Phantomen, wie ich eins bin oder all jene, die Aufmerksamkeit nur geheuchelt haben.

Diese Stimme ist der Auslöser. Ich fange zu reden an, beginne irgendwo und rede weiter ohne Punkt und Komma. Das ist keine Beichte, sondern eine Flut nach einem Dammbruch, die all die Jahre der Stille und der Leere hinwegschwemmt.

Erleichterung. Mir ist, als spie ich alles aus, was ich über einen langen, langen Zeitraum hinweg an verdorbenen, giftigen, ungenießbaren Speisen zu mir genommen habe.

Ich leere den ganzen Unrat aus, der sich in mir angesammelt hat. Während meiner Isolation ist mein altes Gerippe, ohne dass ich es bemerkt hätte, aufgebrochen, und jetzt räume ich auf in den Überresten, werfe fort, was nicht mehr zu gebrauchen ist. Die neue Anne weiß noch nichts davon, dass sie im Begriff ist, das Licht der Welt zu erblicken. Der Prozess läuft eher reflexartig ab.

Ich lasse nichts aus. Ich erzähle von meiner Kindheit. Von Lehrern und Ärzten, die mich kaputtmachen. Vom emotionalen Defizit meiner Jugend. Von meinem Mann. Und von meinem Sohn.

»Es war richtig, sich auszusprechen. Sie können gern wieder anrufen. Jederzeit«, sagt die anonyme Stimme.

Die Nummer, die ich vorhin, ohne mir allzu große Hoffnungen zu machen, gewählt habe, ist die der Telefonseelsorge. Ich hatte sie irgendwann einmal notiert. Zufall? Ich bin mir nicht sicher. Von den unzähligen entpersönlichten Gesten in diesen Monaten absoluter Leere ist die eine oder andere bestimmt vom Schicksal diktiert worden.

Nachdem ich alles abgeladen und den Hörer aufgelegt habe, lasse ich den Blick durch meine Welt schweifen. Meine Wohnung. Wie durch Zauberei haben Möbel und Gegenstände den Ausdruck von Feindseligkeit verloren. Der Gedanke, eine Platte aufzulegen, kommt mir ganz selbstverständlich – zum ersten Mal seit langer, langer Zeit. Was für ein merkwürdiges, erfrischendes und zugleich beunruhigendes Gefühl das ist, wieder ein Verlangen zu verspüren, Lust zu irgendetwas zu haben. Die unbedeutendsten Dinge im wahrsten Sinn des Wortes wieder neu zu erleben.

Ich habe *Quand on n'a que l'amour* von Brel aufgelegt. Ich weine. Dabei hatte ich den wohltuenden, salzigen Geschmack von Tränen, wenn sie sich im Mundwinkel sammeln und das Herz eine Spur schneller schlagen lassen, schon vergessen.

Mein Blick wandert über den Stapel Zeitschriften, die ich nicht mehr angeschaut, die Bücher, die ich nicht mehr zur Hand genommen habe … Ich betrachte lange das Foto eines sich küssenden Pärchens in »*Nous deux*«. Früher hat mich der Anblick der gut aussehenden, glücklichen jungen Leute unangenehm berührt. Jetzt nicht mehr. Im Gegenteil.

Ich habe Hunger und esse ohne Hemmungen. Mittags koche ich für Eddy und mich Schinken, Kartoffelbrei, Kompott. Eine Babymahlzeit. Schließlich ist es für uns beide ein neuer Start ins Leben.

Ich schaue aus dem Fenster. Es ist nicht trüb und nicht sonnig. Der Herbst zeigt sich dieses Jahr früh von seiner schlechten Seite: Es ist erst September. Mir fällt ein, dass Eddy in knapp vierzehn Tagen in die Vorschule muss. Plötzlich bekomme ich Angst. In meiner Wohnung, meiner vertrauten Umgebung werde ich wieder akzeptiert. Aber was erwartet mich draußen? Ich werde es nie schaffen, unter Menschen zu gehen, denke ich in panischem Entsetzen.

Ich habe es geschafft.

Obgleich es nicht leicht war. Ich habe Höllenqualen ausgestanden bis zu jenem schicksalhaften Tag, an dem ich meinen Sohn zur Schule bringen musste. Mal war ich zuversichtlich und voller Optimismus, dann wieder plagten mich Ängste und Mutlosigkeit.

Als es soweit war, habe ich Eddy mit viel Liebe auf seinen großen Tag vorbereitet. Ich habe ihn gebadet, angezogen, gekämmt, tausendmal an seiner Kleidung herumgezupft, bis ich zufrieden war. Nur nicht nachdenken! Ich hatte Magenkrämpfe vor Aufregung. Nach dem schwarzen Kaffee, den ich zum Frühstück getrunken hatte, musste ich mich übergeben. Übelkeit und lähmende Angst – Reaktionen eines Körpers, der sich selbst ablehnte.

Ich betrachtete meinen anormal aufgedunsenen Körper im Spiegel des Schlafzimmerschranks. Ausgeschlossen. Das bringe ich nicht fertig. Niemals. Ich werde unterwegs zusammenbrechen. Die andern werden dafür sorgen, dass ich zusammenbreche. Ich gehe nicht.

Die Tür ging auf, und Eddy kam herein, selbst ein bisschen nervös, was er zu verbergen versuchte. »Beeil dich, Mama, wir kommen sonst zu spät!«

Er legte seine kleine Hand vertrauensvoll in meine, und wir stiegen die Treppe hinunter, verließen das Haus und machten uns auf den Weg zur Schule. Ich ließ mich von ihm führen. Ich bewegte mich mit weichen Knien wie durch dichten Nebel hindurch. Eddy sagte kein Wort, was mich erstaunte. Ob er wohl spürte, dass er an diesem Morgen mein Blindenstock war?

In der Eingangshalle herrschte die für einen Schulbeginn typische Betriebsamkeit. Bestimmt gab es einige Leute, Mütter oder von den Eltern bereits entsprechend geprägte Kinder, die mich zu dick, abstoßend, anstößig fanden. Ich weiß nicht, was in solchen Köpfen vorgeht, und ich bin dankbar dafür.

Ich habe diese Leute einfach übersehen. Ich gab Eddy einen Kuss, bevor ich ging, und er setzte jenes kleine, hintergründige, zärtliche Lächeln auf, das mir sagen sollte: Mach dir keine Sorgen. Ich schaff das schon. Ich bin ein großer Junge, Mama.

Eine winzige Träne funkelte im Winkel seiner schwarzen Augen. Aber das gehört am ersten Schultag dazu.

Auf dem Heimweg habe ich geheult.

Die Leute müssen sich nach mir umgedreht haben. Eine Dicke weint doch nicht. Die Tränen flossen in Strömen, aber nicht weil ich traurig oder mutlos war. Das Weinen erfüllte den gleichen Zweck wie mein Redestrom neulich am Telefon: Ich brachte Ordnung in meinen Seelenhaushalt.

Der Aufbau der zerstörten Kathedrale aus meinem Traum ging nur langsam voran. Jede Woche, jeden Monat wuchs sie ein weiteres Stück in die Höhe.

Ich wiege über einhundertsechzig Kilogramm.

Das ist zu viel. Viel zu viel.

Als Erstes muss ich akzeptieren lernen, niemals schlank zu werden, niemals den Normen zu entsprechen. Ich bin einfach nicht dafür geschaffen. Das sagt mir mein Instinkt, und meine Gespräche mit der Telefonseelsorge sowie ein Besuch bei einem Arzt, dem ersten menschlichen, dem ich begegnet bin, haben mich darin bestärkt.

Ich lege mein Gewicht bei hundertdreißig Kilo fest, das ist die Schwelle, die nicht unter- und nicht überschritten werden darf. Warum gerade hundertdreißig? Ich weiß es nicht. Ich weiß nur, für mich ist das der ideale Mittelwert. Es gibt keine allgemein gültigen Regeln in dieser Hinsicht; jeder muss für sich selbst herausfinden, was für ihn günstig ist.

Hat man sich erst einmal damit abgefunden, eine bestimmte Gestalt zu haben, und ist entschlossen, das Beste daraus zu machen, hat man schon drei Viertel des Weges zurückgelegt!

Als Nächstes Diät.

In der ganzen Zeit, in der ich wie eine lebende Tote dahinvegetierte, habe ich normal – wenn auch ungesund – gegessen. Nachdem ich meine Ernährung umgestellt, ausgewogener gestaltet habe und zusätzlich gezielte Gymnastik betreibe, schmelzen die dreißig überflüssigen Kilogramm dahin wie Schnee in der Sonne.

Alain ist es nicht aufgefallen. Und wenn, ist es ihm völlig schnuppe. Wir schweigen uns an, wechseln bestenfalls gelegentlich ein paar gehässige Worte. Eines Abends, als wir uns, in stumpfes Schweigen versunken, beim Essen gegenübersitzen, sage ich:

»Ich werde mich zur Arzthelferin ausbilden lassen.«

»Wie bitte?«

»Ich sage, ich werde mich zur Arzthelferin ausbilden lassen. Das ist doch nicht schwer zu verstehen, oder?«

Einen Augenblick verschlägt es ihm die Sprache. So lange habe ich mir alles bieten lassen, und jetzt werde ich plötzlich aufmüpfig. Das hat ihm gerade noch gefehlt.

»Wenn du so viel überschüssige Energie hast, wäre es gescheiter, du würdest dir eine Arbeit suchen. Wir schwimmen nicht gerade im Geld, falls du das noch nicht bemerkt haben solltest.«

Die Ironie ist unüberhörbar. Alain ist seit damals, als ich in dem Heim für schwer erziehbare Kinder abgelehnt wurde, fest davon überzeugt, niemand wird mir, der Dicken, jemals Arbeit geben. Ich beharre auf meinem Entschluss.

»Ich werde diese Ausbildung machen, ob dir das passt oder nicht!«

Er schiebt seinen Teller von sich, steht achselzuckend auf und geht zu Bett.

Am andern Tag melde ich mich an. Zum Glück haben weder mein Gedächtnis noch meine geistigen Fähigkeiten unter meiner langen Untätigkeit, meiner Apathie gelitten. Was ich davor gelernt hatte, hat die Zeit unbeschadet überstanden. Ich besuche meinen Kurs mit Feuereifer. Nach einem Jahr habe ich mein Diplom in der Tasche.

Mir geht es von Tag zu Tag besser.

Nach dem ersten Schritt geht alles wie von selbst. *»Auch ein Weg, der Tausende Kilometer lang ist, beginnt mit dem ersten Schritt«*, sagt ein chinesisches Sprichwort. *»Hast du ihn getan, deine Entscheidung getroffen, gibt es keinen Grund mehr anzuhalten oder einem Hindernis auszuweichen.«*

Mein erster Schritt hat mich in Richtung zu mir selbst geführt, der nächste in Richtung der Welt da draußen. Als die Schwelle überschritten, die Mauern niedergerissen waren, haben sich die Ereignisse förmlich überschlagen.

Über meine Scheidung möchte ich nicht viele Worte verlieren. Zwischen Alain und mir war schon lange nichts mehr. Er war der Gefährte, in den ich meine Hoffnungen gesetzt, mit dem ich meine Jugend verbracht, dem ich mich anvertraut hatte. Und er war der Vater meines Sohnes. Aber wir hatten uns eben geirrt. Das traurige Abenteuer unseres gemeinsamen Lebens endete offiziell vor einem sachlichen, unter Zeitdruck stehenden Scheidungsrichter. Das passiert vielen anderen Paaren auch. Alain verübelte mir vor allem, dass ich ihn verlassen habe, glaube ich. Das hat er mir nicht zugetraut. Nie hätte er gedacht, dass ich dazu fähig sein könnte. Er sah sich doch als den guten Kerl, der sich für eine Dicke opferte.

Für die bösen und die dummen Menschen – und für Alain – stellte ich nach wie vor ein hässliches Monstrum dar. In meinen Augen war ich das nicht mehr.

Eddy bleibt bei mir. Alains Beziehung zu ihm beschränkte sich auf ein gelegentliches Lächeln, Füttern, spazieren fahren und den Kuss vor dem Schlafengehen. Mein Sohn und ich werden wohl nie erfahren, ob er ihn geliebt hat, ob er ihn nun, da er erwachsen ist, liebt. Alain ist ein Rätsel. Oder auch eine leere Hülle. Auf seine Weise.

Meine Eltern werden nur schwer mit meiner gescheiterten Ehe fertig. Scheidung ist für sie etwas Unvorstellbares, etwas, das nicht in ihre Welt passt. Vorwürfe macht mir meine Mutter jedoch nicht. »Es ist dein Leben«, sagt sie, mehr nicht.

Papa schweigt wie gewöhnlich und handelt. Er hat für Eddy und mich eine kleine Wohnung in Villeneuve-Saint-Georges gefunden und sie mit dem Nötigsten eingerichtet. Mein wahres Leben kann beginnen.

Es ist nicht das Paradies, aber wir sind glücklich. Unsere Welt ist die triste, graue Vorstadt, in der Tausende nebeneinander wohnen, leiden, lieben, sterben, ohne auch nur das Geringste voneinander zu wissen. Schmutzige graue Mauern mit regenverwaschenen Graffiti. Kinder aller Hautfarben, die in ihren abgestumpften Blicken bereits die ganze Hoffnungslosigkeit ihrer Zukunft tragen.

Ich habe eine bescheidene Stelle als Sekretärin in einem Jugendzentrum angenommen. Ich verdiene wenig, viel zu wenig. Aber ich habe mein Lebenselement gefunden: das Theater.

Und wieder hat mir der Zufall geholfen. Obwohl ich eigentlich immer weniger an Zufälle glaube. Zu Beginn der achtziger Jahre sind massenweise Gruppen mit dem Ziel gemeinsamer Freizeitgestaltung gebildet worden, darunter viele, die künstlerische, kreative Aktivitäten anboten. Ich kämpfte noch immer allein, um die Puppenhülle zu sprengen, die den Schmetterling gefangen hielt …

Ich sehnte mich nach Kommunikation. Unter Menschen zu sein, mich mitzuteilen, das war es, was ich wollte. Sowohl meine Gespräche mit den anonymen Ratgebern der Telefonseelsorge als auch meine eigenen Überlegungen führten in die gleiche Richtung: Warum nicht eine Theatergruppe?

Anfangs komme ich mir schrecklich verloren vor, bin unbeholfen und verklemmt.

Ausgerechnet ich, die ich mich so lange vergraben hatte, soll auf eine Bühne steigen! Mich mit all meinem Fett, meinen Komplexen, meinen linkischen Bewegungen zur Schau stellen!

Serge, ein Schauspieler, redet frisch von der Leber weg: »Du musst da rauf, Anne! Öffne dich! Zieh dich aus im Geist! Du bist schön! Du weißt es! Zeig es! Zeig es allen!«

Die ersten Male wäre ich vor Scham am liebsten im Boden versunken. Ich glaube, meine Stimme hat mich gerettet. In der Intonation, in ihrem Zaudern und ihrer Unsicherheit erwachte der Text, den ich gelernt hatte zum Leben. Der Autor, die Figur ergriff Besitz von mir, steuerte mich … Nie zuvor in meinem Leben habe ich etwas so sehr genossen wie diese Augenblicke auf der Bühne.

»Du bist die geborene Schauspielerin«, lobte Serge.

Ich war skeptisch. Wir spielten keine leichten Stücke, und für mich mit meiner mangelnden Bildung war es ein recht hartes Stück Arbeit. Aber dem Publikum gefiel es. Die größte Genugtuung meines Lebens empfand ich, als nach dem ersten Stück, in dem ich auftrat, Beifall einsetzte.

Adieu, dicke Anne! Eine neue Anne war geboren: Anne, die Schauspielerin, und sie nahm die Anerkennung der Zuschauer gierig in sich auf und berauschte sich daran. Ich hatte gewonnen. Was für ein triumphaler Sieg! Der Schmetterling entfaltete seine Flügel …

Man kann alles, wenn man nur will. Ich sage nicht, es war leicht. Aber von nun an haben mich die Idioten, die mich mit tödlichem Blick musterten, völlig kalt gelassen. Fällt euer vernichtendes Urteil! In Wahrheit ist es das Bild eurer eigenen Dummheit, das ihr verurteilt. Ich wiege hundertdreißig Kilo, vielleicht ein bisschen mehr. Na und? Ich brauche das zum Leben. Und heute weiß ich, das Leben bewältigt jede Form von Ausgrenzung.

Eines Tages rief mich der Freund eines Freundes an.

»Hättest du Lust, in einem Film mitzuspielen?«

»Bist du verrückt geworden?«

»Nein, ganz im Ernst. Die Sache ist so ernst, dass kein anderer als Gainsbourg den Streifen produziert.«

Der große Gainsbourg! Nie im Leben hätte ich auch nur zu träumen gewagt, ein renommierter Künstler von so großer Kreativität, ein Mann, der schon zu Lebzeiten ein Denkmal ist, könnte Interesse für mich bekunden.

»Er sucht nämlich eine mollige Frau«, fährt mein Gesprächspartner fort. »Und ich bin sicher, du bist genau die Richtige. Geh zum Besetzungsbüro und stell dich vor.«

Als ich in die Produktionsfirma komme, verlässt mich der Mut. Außer mir sind noch zwei Frauen meines Kalibers da, um für die Rolle vorzusprechen. Profis. Was man von mir nicht gerade behaupten kann …

Die kleine Blondine, die für die Besetzung zuständig ist, strahlt Ruhe und Gelassenheit aus. »Bleib ganz cool«, beruhigt sie mich. »Laut Drehbuch musst du durch einen Korridor laufen, und zwar nackt. Wenn du zu Serge reingehst, wird er dich bitten, dich auszuziehen. Keine Panik, das ist rein beruflich … Das klappt schon, du wirst sehen, mach dir keine Sorgen.«

Das geräumige Zimmer ist mit Designermöbeln eingerichtet. An den Wänden abstrakte Bilder. Ich versinke in einem stahlgrauen Teppichboden. Der Meister sitzt am Schreibtisch und sieht Fotos durch.

»Kommen Sie näher, haben Sie keine Angst …«

Die ruhige Stimme flößt Vertrauen ein. Seltsam, ich habe mir Gainsbourg ganz anders vorgestellt. Weil ich mir mein Urteil anhand der Berichte in den Medien gebildet habe. Und was es mit solchen vorgefassten Meinungen auf sich hat, weiß ich selbst ja wohl am besten …

»Ziehen Sie sich bitte aus.«

Bevor er diesen Satz sagt, vor dem ich mich gefürchtet habe, hat er mich kurz gemustert. Nicht hämisch wie ein böses Weib, das sich über mein Unglück freut, sondern sachlich, professionell, um zu sehen, ob ich überhaupt in Frage komme. Im gleichen Augenblick schwenkt er auf seinem Drehsessel herum und dreht mir taktvoll den Rücken zu, damit ich mich in Ruhe ausziehen kann. Allein diese Geste rechne ich ihm hoch an.

Dennoch kostet es Überwindung. Alles in mir sträubt sich dagegen, mich nackt, in meiner schamlosen Fülle zu zeigen. Die Erinnerung an die demütigenden Stripteasevorführungen vor aufgeblasenen Quacksalbern, die sich im Geist bei meinem Anblick die Hände rieben, steigt in mir empor. Ich werde erst blass, dann laufe ich hochrot an. Ich höre die Stimme der alten Anne, der unförmigen Dicken, in meinem Innern höhnen: Verschwinde, du Fettkloß! Versteck dich, Monster!

»Kommen Sie klar?«, fragt Gainsbourg. Nicht ausgesprochen ungeduldig. Aber Zeit ist eben Geld.

Meine Hände bewegen sich von selbst. Sie knöpfen meine Bluse auf, ziehen den Reißverschluss des Rocks herunter, schälen die Unterwäsche vom Körper. Es ist, als stünde ich neben mir und beobachtete mich. Schließlich stammele ich:

»Ich bin soweit.«

Er dreht sich um, mustert mich abermals. Ruhig und bedächtig. Ohne den Blick allzu lange verweilen zu lassen.

»Okay, sehr schön. Sie haben die Rolle, Mademoiselle.«

Ich habe keine Ahnung, wie ich es geschafft habe, mich wieder anzuziehen und das Zimmer zu verlassen. Ich war ganz außer mir vor Freude. Nicht nur, weil ich die Rolle bekommen hatte, sondern weil die Szene, die mir jetzt wie ein Traum vorkam, einen ungeheuren Sieg über meine Vergangenheit bedeutete. Sie trieb die bösen Geister aus, breitete den Mantel des Vergessens über ein Leben, das unter keinem guten Stern gestanden hatte. Überdies hatte ich etwas gelernt: Eine Schauspielerin muss in der Lage sein, ihre eigene Persönlichkeit zu verdrängen, auszulöschen, und in eine andere zu schlüpfen. Sich zu wandeln wie ein Chamäleon. Ich wusste jetzt, was meine Bestimmung war.

Ich habe diesen Film gedreht. Er blieb nicht der einzige. Der Weg war geebnet. Kleine Rollen in Filmen und Fernsehserien folgten.

Eines Morgens im Mai fahre ich durch die Porte de Bercy nach Paris hinein. Als ich an einer roten Ampel warten muss, fällt mein Blick auf eine jener riesigen Werbeflächen, die überall die Landschaft verschandeln. Abwesend betrachte ich das Foto. Ich erinnere mich nicht mehr, wofür es werben soll, ob für ein Auto oder ein Waschmittel oder wofür auch immer. Die Ampel schaltet auf Grün, und im gleichen Augenblick durchzuckt mich ein Gedanke, eine Eingebung: Eines Tages werde ich auf so einer Werbefläche zu sehen sein, auf zigtausenden Exemplaren im ganzen Land, meine einhundertdreißig Kilo auf Hochglanzpapier und wunderschön anzusehen obendrein!

Drei Monate später klingelt das Telefon. Eine Werbeagentur, die mit der Werbekampagne für die Kaufhauskette *Virgin Megastore* beauftragt wurde. Das Drehbuch folgt dem gleichen Schema. Man hegt immer einen leisen Zweifel an sich selbst, gleich, was auch geschieht. Und das ist vielleicht auch besser so.

»Eine Dicke? Soll das ein Witz sein?«

»Keineswegs. Wir wollen weg vom klassischen Image. Können wir einen Termin vereinbaren?«

Meine rätselhafte Ahnung vor jener Werbefläche an der Porte de Bercy hatte mich nicht getrogen. Mein Körper zierte alle Fassaden. Warb erst für die Eröffnung des Megastore an den Champs-Élysées, dann für den, der in Marseille entstand. Und bald für Dutzende andere in ganz Frankreich.

Zur Genugtuung für alle Dicken, die bei ihren Mitmenschen so viel Anstoß erregen, ist eine füllige Olympia zum Markenzeichen der Kaufhauskette geworden, die sich auf Unterhaltungselektronik, Bilder und Bücher spezialisiert hat.

Und eine Menge Leute haben mich hübsch gefunden.

17. KAPITEL

Niemand kann ohne Liebe leben.
Weder die Dicken noch die Dünnen.

Meine Jugend habe ich in einer emotionalen Wüste verlebt. Wie die große Mehrheit derer, die mit einem Makel behaftet sind. Keine Flirts, keine rosaroten Teenagerträume. Auf dem Weg in die Welt der Erwachsenen habe ich den einzigen Menschen, der mich verstand und akzeptierte, zurückgewiesen und ihn, Yvon, gegen eine leblose Ehe eingetauscht, die ein einziges Fiasko war.

Und danach …

Meine Scheidung hat mich auch in dieser Hinsicht mit mir selbst konfrontiert. Ich gewann allmählich an Sicherheit und legte die Scheu, mich in der Öffentlichkeit zu zeigen, ab. Meine Gewissheit, dass auch eine Dicke sich entfalten, sich in ihrem geächteten Körper verwirklichen kann, wuchs mit jedem Tag. Aber geliebt zu werden? Begehrenswert zu sein? Eine sowohl seelisch als auch körperlich harmonische Beziehung aufzubauen? Mit einem Wort, die große, die wahre Liebe zu erleben …

Ich hatte damals Zweifel, und ich habe sie noch heute.

In den Köpfen der breiten Masse – zu jener Zeit auch in meinem – existierte ein schwer ausrottbares Vorurteil:

Dicke sind selbst in ihren sexuellen Gewohnheiten anormal. Wer mit ihnen ins Bett geht, muss schon pervers sein.

In meiner Ehe mit Alain war ich in vielerlei Hinsicht einsam. Aber nicht allein, auch wenn seine Anwesenheit sich kaum bemerkbar machte. Nach dem Umzug nach Villeneuve-Saint-Georges jedoch hatte ich gar nichts mehr.

Meinen Sohn, sicher, aber das ist etwas anderes. Ich habe ihm all die Zärtlichkeit gegeben, die sich in mir angesammelt und von der ich fast nichts für andere gebraucht hatte. Zu viel vielleicht. Doch das ist nicht das Problem. Schließlich musste ich die Zuneigung des Vaters ersetzen, sein Schweigen, seine Gleichgültigkeit irgendwie ausgleichen.

Sich auf die Suche nach der verwandten Seele machen, jemand aufzureißen, wie der ordinäre Ausdruck lautet? Undenkbar. Von der Kunst des Flirtens, des Verfahrens verstand ich absolut nichts. Aber welche Dicke, Aufgeschwemmte, Abgewertete beherrscht diese Kunst schon?

Die Aufmerksamkeit eines Mannes zu erregen, ihn ins Bett zu locken … Das klappt bestenfalls, wenn einer besonders geil ist. Ich schäme mich nicht zuzugeben, dass ich mit denen angefangen habe. Ohne zwangsläufig gleich mit ihnen ins Bett zu gehen. Wie in allem Übrigen auch musste der erste Schritt getan werden. Ich hatte keine andere Wahl.

Ich griff – wieder einmal – zum Telefon.

Für viele stellt das kleine graue Tier die letzte Verbindung mit der Außenwelt dar. Manche Leute mokieren sich über diejenigen, die anonym einen Rundfunkmoderator oder irgendeinen Service anrufen, um eine Brücke zu schlagen zwischen der Einöde ihres Herzens und einer Oase dort draußen, von der sie bisher nichts wussten. Ich nicht. Ich habe es selbst so gemacht.

Ich kann nicht mehr sagen, wer mir Anfang der achtziger Jahre zuerst vom »Netz« erzählt und mir den Code genannt hat, der einem Zutritt gewährte, ohne dass man mehr als seinen Namen von sich preisgeben musste. Die Sache funktionierte nach einem ganz einfachen Prinzip: Man rief eine Nummer an, unter der sich ein männlicher oder weiblicher Teilnehmer meldete, der die gleichen Probleme wie man selbst hatte.

»Hallo?«

Es ist spät in der Nacht. Jemand hat einmal gesagt, nachts denke, fühle, handle der Mensch anders als am Tage. Was wir uns zu sagen hatten, wäre uns am helllichten Tag wahrscheinlich nicht über die Lippen gekommen.

Die etwas brüchige Stimme klang schüchtern, zaghaft. Wer zu viel Leid erfahren hat, bewahrt sich immer einen Rest von Unsicherheit, von schlechtem Gewissen.

»Hallo, hier Patrick ...«

»Anne am Apparat.«

Er schweigt. Ich wage den Sprung ins kalte Wasser.

»Ich bin zweiunddreißig. Ich bin dick. Sehr dick. Verstehst du, was ich meine?«

»Ja, ich verstehe.«

»Und das stört dich nicht?«

»Nein.«

Ich spüre, ich weiß, er will mehr als nur reden. Wie weit ich gehen möchte, liegt bei mir. »Soll ich dir meine Adresse geben?«

Er bejaht. Sagt, er wohne ganz in der Nähe, das sei ein glücklicher Zufall, er komme sofort. Ich lege auf. Mein Blick heftet sich auf den Hörer. Was wird mir dieser Besuch bringen? Angst habe ich keine. Ich will die Sache durchstehen, ungeachtet der herben Enttäuschung oder der Gefahren, die sie möglicherweise birgt. Eddy ist wie immer in solchen Stunden bei meinen Eltern in Savigny, wo er nichts ahnend, friedlich in meinem Jungmädchenzimmer schläft.

Wenn dieser Patrick – falls das sein richtiger Name ist – nun über mich herfällt?

Ich stehe auf, öffne die Wohnungstür und lehne sie nur an. Ich ordne meine Frisur und setze mich dann in Blickrichtung Tür.

Die Minuten vergehen unendlich langsam. Im Haus herrscht eine tiefe, dumpfe, irgendwie unwirkliche Stille. Mir kommt es so vor, als befände ich mich plötzlich in einer anderen Dimension. Wie in diesen Science-Fiction-Serien, in denen der Held in ein fremdes Universum befördert wird, wo die Luft eine andere ist und unsichtbare, böse Ungeheuer lauern.

Die Tür … Da ist er. Patrick.

Er sagt nichts. Ich vermute, er betrachtet mich, mustert mich von Kopf bis Fuß. Im Licht der Lampe links von mir kann er mich genau sehen. Es ist, als würde ich mich ihm nackt zeigen.

Er kommt näher. Das Parkett knarrt unter seinen Schritten. Es ist jedes Mal das Gleiche: Ich bedauere meine Handlungsweise. Eine unheilvolle Angst beschleicht mich. Auch mein Gewissen ist nicht ganz rein.

Patrick ist mittelgroß, dunkelhaarig. Sein Gesicht schimmert matt im Halbdunkel. Er hat kleine Augen; die Farbe kann ich nicht erkennen. Schade. Augen sind für mich der Spiegel der Seele.

Er ist schlank. Nein, ich mustere ihn nicht wie ein Stück Vieh. Aber gegen einen Mann von athletischem Körperbau kann ich nicht viel ausrichten, falls er gewalttätig werden sollte.

»Guten Abend, Patrick.«

»Guten Abend, Anne.«

Er setzt sich. Ich biete ihm einen Kaffee an, den er, wie mir scheint, nur deshalb nimmt, damit seine Hände beschäftigt sind. Ich versuche, ein Gespräch anzuknüpfen. Vergeblich. Ich stoße auf eine Wand des Schweigens. Nur die Augen sprechen. Sie betasten, befummeln mich. Für sie bin ich keine Frau, kein Mensch, sondern ein Haufen Fett, den man kneten, walken kann bis zur Bewusstlosigkeit.

Ich habe verstanden.

»Weshalb bist du hergekommen?«

Er antwortet nicht. Aber die leichte Handbewegung spricht Bände.

»Ich habe jemanden zum Reden gebraucht«, sage ich.

Er steht auf und verlässt mit hängenden Schultern die Wohnung. Er hat nichts zu sagen. Ihm ging es um Befriedigung. Welchen Bedürfnisses? Welchen Triebs? Was treibt ihn zu Frauen wie mir?

Ich habe, ohne zu übertreiben, Dutzende Männer wie Patrick bei mir empfangen. Mir ist es jedoch nie gelungen, ihr zwanghaftes Verhalten zu analysieren. Mit dem einen oder andern habe ich auch geschlafen, und ich schäme mich nicht, es zuzugeben.

Sie waren wie alle andern. Zärtlich oder brutal, schüchtern oder temperamentvoll. Und danach immer traurig …

Sechs Monate lang gingen Menschen aller Art bei mir ein und aus. Stimmen in der Nacht, die in der armseligen

Zweizimmerwohnung in Villeneuve Gestalt annahmen. Mit manchen habe ich mich stundenlang unterhalten. Sie gingen zuversichtlicher, als sie gekommen waren, und ließen mich gelassener, heiterer zurück. Wir sind in Verbindung geblieben und sehen uns heute noch gelegentlich.

Andere waren verrückt. Mythomanen. Falsche Geheimagenten. Falsche Kontrolleure verlorener Illusionen. Der eine oder andere trug eine Waffe bei sich. Zuerst erschrak ich. Dann erkannte ich, dass der, der eine Waffe zückt, sehr viel mehr Angst hat als der, den er damit bedroht.

Es war eine unglaubliche Episode meines Lebens, und ich habe kein Buch darüber geführt, wie oft ich meinen unschönen Körper hingegeben habe. Zehnmal? Zwanzigmal? Noch öfter?

Zuweilen empfand ich Vergnügen dabei – warum auch nicht? Manchmal war es eine Qual. Aber ich fühlte mich nie schmutzig.

Auch in der Beziehung vollzog sich eine Reinigung. Entleerte sich die Hülle meines alten Körpers. Jedem seine eigene Therapie. Es mag euch vielleicht überraschen, Patrick, Éric, Jean-Michel und all ihr andern, die ihr nur noch ein Flüstern in der Dunkelheit für mich seid, aber ich danke euch. Ihr habt dem Schmetterling auf eure Weise geholfen, sich aus der Puppe zu befreien, seine Flügel zu entfalten. Ihr seid Teil meines Lebens, ich verleugne euch nicht.

Wo mögt ihr heute sein?

Ich hoffe, es ist euch gelungen, euch von eurer Unsicherheit, euren Komplexen, eurer Frustration zu befreien, den ungesunden Anschwemmungen des Lebens, die sich in euch angesammelt hatten. Ich wünsche es euch von ganzem Herzen. Wir waren verwandte Seelen im Exil. Und sind es heute noch immer ein bisschen. Was ich getan habe, habe ich auch für euch getan.

Heute verstecke ich mich nicht mehr. Ich zeige alles, was ich habe. Und das ist nicht wenig! Es ist sogar kolossal viel. Aber es lebt, liebt und erhascht sich ein Zipfelchen vom Glück, auf das jeder Mensch ein Anrecht hat.

Ich kämpfe. Nichts ist umsonst.

Meine Zukunft, das ist in erster Linie meine Arbeit. Die Schauspielerei ist mein Leben. Ich liebe es, die Zuschauer in eine Traumwelt zu entführen.

Ich habe jede Menge Pläne im Kopf, Ideen, die nur darauf warten, verwirklicht zu werden. Ich will Sport treiben, tanzen, singen und und und …

Morgen ist auch noch ein Tag.

Fernsehen, Interviews, Presse … Endlich habe ich die Möglichkeit, mich mitzuteilen, meine Meinung hinauszuschreien, wenn es sein muss. Stellvertretend für alle, die aufgrund ihres Übergewichts oder eines anderen Handikaps in eine Außenseiterrolle gedrängt werden.

Wir haben einen Verein gegründet, *Allegro Fortissimo,* um unsere Interessen wahrzunehmen und durchzusetzen. Noch ein Verein! Ich kann den Seufzer hören. Na und? Je mehr Verrückte sich zusammentun, desto weniger kann man sie übersehen. Nach dem Motto: Gemeinsam sind wir stark.

Wir haben einen Service eingerichtet für diejenigen, die das Bedürfnis haben, sich auszusprechen oder Erfahrungen auszutauschen. Wir bemühen uns, ein paar Breschen in die Mauer der Gleichgültigkeit zu schlagen. Das ist nicht viel, aber das ist immerhin etwas.

In meinem Beruf versuche ich ebenfalls, mein Teil dazu beizutragen, damit die Mauern niedergerissen werden. Ich habe Brautmoden von verschiedenen Couturiers, darunter Saint Mart Guilet und Lecoannet-Héman, vorgeführt. Ich habe geholfen, die erste große Modenschau für Dicke im La Cigale und im Central zu organisieren, mit der ein neues Bild von Schönheit vermittelt werden sollte. Sie wurde selbst vom kanadischen, amerikanischen, marokkanischen und japanischen Fernsehen übertragen! Ich habe meinen Kopf für Haarmoden von Jean-Claude Biguine und meinen Körper für Virgin Megastore zur Verfügung gestellt. Ich halte niemandes Fahne hoch, lasse mich für keine Ziele einspannen. Ich kämpfe nur gegen jene, die mich attackieren, sowie gegen Intoleranz, Vorurteile, Voreingenommenheit, Vorverurteilung.

Ich habe meinen Weg gemacht, auf meine Weise, bin demütig auf meinen kurzen, drallen, aufgedunsenen Beinen bis zu euch gegangen, auch wenn mir oft die Knie gezittert haben.

Ich bin viel gelaufen. Weit gelaufen.

Und doch bin ich noch lange nicht am Ziel. Es liegt noch ein weiter Weg vor mir, ehe ich mich schlafen legen kann.

– ENDE –

DER BLINDE PASSAGIER

Einer wachen Träumerin gleich,
versteckt hinter einer Träne,
habe ich gelebt, ohne zu existieren,
mich bewegt, ohne voranzukommen,
empfunden, ohne zu erkennen.
Blinder Passagier an Bord meines Körpers,
umgeben vom Meer meiner fülligen Formen,
habe ich mich in mir selbst verloren,
bin versunken in meinem eigenen Sand,
vergleichbar der Spinne, die sich des Abends
in ihrem Netz verstrickt.
Schatten unter Schatten,
von Hoffnungslosigkeit umklammert,
von Scham gefangen,
von Komplexen gepeinigt,
habe ich plötzlich ein Licht im Dunkeln erblickt:
Wie ein kleiner Geist in seiner Flasche
hockte die Hoffnung auf der Bühne meines Körpers.

Fabienne Cara

An einem Abend im April findet Julie Hills bisheriges Leben ein jähes Ende. Bei einem Autounfall wird sie schwer verletzt: Eine Querschnittslähmung ist die Folge. Für die junge Mutter eine Katastrophe. Wie soll sie weiterleben? Wie werden ihre beiden kleinen Söhne und ihr Ehemann reagieren? Und was wird aus ihrer Karriere?
Doch Julie Hill verzweifelt nicht. Sie fasst wieder Mut und erobert sich ihren Alltag zurück. Ihr größter Traum ist, noch einmal Spuren im Schnee zu hinterlassen. Ein medizinisches Experiment ist ihre letzte Hoffnung ...

ISBN 3-404-61487-9

BASTEI LÜBBE

Ben und Wendy Harrington freuen sich sehr auf ihre erste Tochter. Doch kurz nach der Geburt fällt ihnen auf, dass Kate anders reagiert als andere Kinder. Sie lächelt zwar häufig, doch sie lernt viel langsamer. Nach einigen Monaten stellt sich heraus, dass Kate geistig behindert ist und viel Aufmerksamkeit und Pflege braucht.
Ben gibt seine Arbeit als Richter auf, um ganz für seine Tochter da zu sein. Und er erkennt, wie viel seine Tochter ihm geben kann.

ISBN 3-404-61489-5

BASTEI LÜBBE

Im November 1999 bricht der Schauspieler Michael Lesch plötzlich zusammen. Diagnose: verschleppte Lungenentzündung. Doch dann entdecken die Ärzte – eher zufällig – mehrere Tumore im Schulter- und Brustbereich sowie im Magen. Morbus Hodgkin, Lymphdrüsenkrebs. Michael Lesch übersteht mit ungeheurer Willensstärke die Chemotherapie und zahlreiche Komplikationen. Mehr als einmal hängt sein Leben an einem seidenen Faden. Er besiegt den Krebs und kann schon nach einem Jahr wieder ein renommiertes Golfturnier gewinnen.

ISBN 3-404-61490-9

BASTEI LÜBBE

Einen Tag am See verbringen, mit dem Fahrrad unterwegs sein, sich sonnen, den Sommer genießen: Für Antoinette Krawinkel ein unerfüllbarer Traum. Ähnlich wie Hannelore Kohl leidet sie an Lichtkrankheit. Sie kann ihre Wohnung tagsüber nicht verlassen, nur nachts traut sie sich zu einem kurzen Spaziergang ins Freie. Einkaufsbummel, Treffen mit Freundinnen im Café, Essen im Restaurant mit ihrem Ehemann – all das kann sie nie erleben. Selbst Termine beim Zahnarzt oder Friseur kann sie nicht wahrnehmen.
Doch Antoinette Krawinkel hat ihre Krankheit angenommen und versucht ihr Leben so erfüllt als möglich zu leben. Mit unglaublicher Kraft und Entschlossenheit stellt sie sich ihrem Schicksal.

ISBN 3-404-61492-5

BASTEI LÜBBE